Singapur – Bali

Travel in Style

Der Inhalt des Buches wurde sorgfältig recherchiert und bleibt ohne Gewähr auf Richtigkeit, Vollständigkeit und Aktualität. Die angegebenen Telefonnummern, Preise und Internetseiten etc. können sich jederzeit ändern. Für eventuelle auftretende finanzielle Einbußen der Leserschaft ist der Verlag aus der Haftung auszuschließen. Nachdruck und Vervielfältigung der Texte und Fotos sind nicht erlaubt.

Bibliografische Information der Deutschen Nationalbibliothek: Die Deutsche Nationalbibliothek verzeichnet diese Publikation in der Deutschen Nationalbibliografie; detaillierte bibliografische Daten sind über das Internet abrufbar.

Autor:	Peter Schneider
Korrektorat:	Johann-Christian Hanke
	Matthias Gerschwitz
Satz & Layout:	Gerschwitz Kommunikation
Marketing:	Christine Anna Döring
Bildbearbeitung:	Steffen Giereck
Bildumschlag:	Raffles Hotel Singapur (Vorderseite)
	Bulgari Resort Bali (Rückseite)
Verlag:	International Travel Books, Germany
Vertrieb:	u.a. Libri, Germany
Printed:	Federal Republic of Germany, Hamburg
ISBN:	978-3-00-053933-6

Singapur

Travel in Style ...

Bali

Luxusurlaub

International Travel Books

Inhaltsverzeichnis

Vorwort

Nach der sehr erfolgreichen Einführung unserer *Travel in Style*-Reiseführer über Goa und Bangkok stellen wir Ihnen nun den Stadtstaat Singapur und das Inselparadies Bali mit ihren schönsten Seiten vor. Beginnen Sie Ihren Urlaub doch mit einer Fahrt im *Eastern & Oriental Express* von Bangkok nach Singapur! Exotische Landschaften, beste Aussichten, gediegender Service und eine illustre Gesellschaft machen schon die Anreise zu einem Erlebnis. Auch kulinarisch kommen Sie voll auf Ihre Kosten.

In Singapur angekommen, empfehlen wir den Aufenthalt im hoch renommierten *Raffles Hotel*. Des Weiteren haben wir in Singapur exklusiv für Sie einige sehr unterschiedliche Hotels getestet, die wir Ihnen gerne vorstellen. Wer hoch hinaus möchte, besucht *1 Altitude*, die höchste Skybar der Welt. Nur einige Etagen unterhalb der Aussichtsplattform finden Sie eines der aufregendsten Fine Dining-Restaurants. Exklusive Ausflüge mit dem Hubschrauber oder einer stilvollen Jacht dürfen in der Tigerstadt selbstverständlich nicht fehlen.

Auch auf Bali haben wir die schönsten Ferienanlagen für Sie besucht. Jetsetter haben das Inselparadies schon seit Jahrzehnten für sich entdeckt. Wir haben uns ganz bewusst gegen große, international bekannte Hotelketten entschieden, auch wenn diese einen sehr guten Ruf haben. Wir stellen Ihnen lieber außergewöhnliche Anlagen vor, von denen in der Zwischenzeit viele neue entstanden sind.

Um Ihnen die Entscheidung für Ihr Luxusdomizil zu erleichtern, haben wir ganz unterschiedliche Anlagen unter die Lupe genommen. Ein besonderes Highlight auf Bali ist das *Bulgari-Resort*. Wir zeigen es Ihnen von seinen schönsten Seiten.

Oder zieht es Sie doch lieber in den Dschungel? Hier haben wir gleich zwei tolle Angebote ausfindig machen können. Sie möchten auf Bali ganz individuell in einer schönen Anlage intim residieren? Entsprechende Angebote mit privatem Pool und Butlerservice finden Sie auf den nächsten Seiten.

Als *Travel in Style*-Reisender lieben Sie den Luxus und suchen nach dem Außergewöhnlichen. Wie wäre es mit einem Hubschrauber-Transfer vom Flughafen in Denpasar zu Ihrer Ferienanlage? Oder sollte es doch lieber ein Helikopter-Ausflug werden, um die einmalig schöne Landschaft aus einer ganz anderen Perspektive kennen zu lernen? Wir haben gleich zwei Anbieter ausfindig machen können. Und wenn Sie sportliche Betätigung wünschen: Wir stellen viele Golfplätze in Singapur und Bali vor.

Travel in Style, denn Sie haben es sich verdient. Ich wünsche Ihnen einen wunderschönen Aufenthalt und viele schöne Erlebnisse.

Peter Schneider

Allgemeine Informationen

Anreise nach Singapur (SIN)

Die Anreise aus Österreich (Wien), der Schweiz (Zürich) und Deutschland ist dank renommierter Fluggesellschaften hervorragend. Austrian Airlines und Swiss fliegen in der Regel über Bangkok. Für den Weiterflug stehen die Star Alliance-Partner Thai Airways bzw. Singapore Airlines zur Verfügung. Die Airline aus Singapur bedient die Strecke von Frankfurt aus sogar zweimal täglich. Lufthansa setzt auf der Langstrecke zumeist den modernen A380 ein.

Flughafen Frankfurt

Lufthansa

First Class

Auf den Lufthansa-Strecken innerhalb Deutschlands/Europas werden seit vielen Jahren keine First Class-Sitze mehr angeboten; der First Class-Passagier sitzt in der Regel im vorderen Bereich der Business Class. Allerdings werden First Class-Passagiere nach wie vor mit ihrem Namen angesprochen. Bei der Ankunft in Frankfurt am Main steht dem Passagier eine Limousine (Porsche oder Mercedes) zur Verfügung, die jedoch nur zum Haupttermінal fährt. Was die Anfahrt zu den First Class-Terminals betrifft, hat Lufthansa bisher noch keine optimale Lösung gefunden.

Nach Verlassen des Terminals (Ausgang/Exit) muss der First Class-Passagier etwa sieben Minuten zum europaweit exklusivsten Terminal zu Fuß gehen. Taxifahrer winken meist ab, da sich eine Fahrt für die kurze Strecke nicht lohnt. Man geht linker Hand an den wartenden Taxen vorbei und sieht von weitem bereits das Lufthansa-Gebäude. In den Wintermonaten oder bei Regen empfiehlt es sich, eine der First Class-Lounges aufzusuchen.

First Class-Terminal der Lufthansa

Nicht ohne Grund hat der Lufthansa First Class-Terminal in Frankfurt auf seinen 1800 m² schon viele internationale Preise für seine Exklusivität und seine Services bekommen.

Mit dem Aufzug gelangt man in die Empfangshalle. Hier kann man sich gegebenenfalls auch noch mit Geschäftspartnern treffen. Selbstverständlich werden auf Wunsch kleinere Snacks gereicht.

Lufthansa stellt den First Class-Reisenden eine Mitarbeiterin als persönliche Assistentin zur Seite, die den ankommenden Fluggast begrüßt. Sie assistiert auch bei der Sicherheitskontrolle (Bordkarte oder – falls vorhanden – Lufthansa-Kreditkarte und Reisepass bereithalten), begleitet den Fluggast später bis zur Passkontrolle bzw. Limousine und ist Ansprechpartnerin für alle seine Anliegen. Die Sicherheitskontrolle ist recht entspannt, Wartezeiten sind selten. Achten Sie jedoch darauf, dass Flüssigkeiten, gefährliche Gegenstände etc. laut internationalen Bestimmungen nicht mitgeführt werden dürfen.

Auf dem Langstreckenflug mit Lufthansa gibt es keine Duschen an Bord. Wer also vorher ein Bad oder eine Dusche nehmen möchte, sollte dies am besten gleich nach der Ankunft der betreuenden Mitarbeiterin mitteilen, damit ein Bad reserviert werden kann. Je nachdem, wie stark der First Class-Terminal frequentiert ist, sind diese manchmal ausgebucht. Wer selbst einen Termin vereinbaren will, geht rechts den Gang entlang und trägt sich in eine Liste ein. Dass einem in dem großzügig ausgelegten Badezimmer (es gibt auch Bäder »nur« mit Dusche) alle hochwertigen Kosmetikartikel zur Verfügung stehen, muss nicht sonderlich erwähnt werden. Als Stilbruch wird zwar die gelbe Lufthansa-Quietscheente bezeichnet, jedoch ist gerade diese bei den Passagieren besonders begehrt.

Die Bar, an der man sich neben den besten Champagner-Sorten auch Spitzenweine bestellen kann, hat angeblich weltweit das größte Angebot an Spirituosen. Natürlich kann sich jeder seinen Cocktail mixen lassen, so wie er möchte. Das Gourmet-Restaurant bietet permanent die feinsten Speisen an. Man bedient sich selbst oder lässt sich bei Tisch beraten. In der abgeschlossenen Raucherlounge kann man vor dem Abflug bei einer Zigarre oder Zigarette entspannen. *(Schade nur, dass man einen Mitarbeiter darum bitten muss, den Schrank hierfür aufzuschließen. Böse Zungen behaupten, dass es Gäste gegeben haben soll, die sich sehr großzügig bedient haben.)*

Auf der linken Seite befinden sich einige Ruheräume. Denken Sie aber daran, dass Sie Ihrer persönlichen Assistentin Bescheid sagen sollten, Sie pünktlich zu wecken. Auch einige Computerterminals stehen dem Fluggast zur Verfügung. Selbstverständlich gibt es einen kostenlosen WiFi-Anschluss. Direkt an der Sicherheitskontrolle befindet sich ein kleiner Duty-free-Shop. Neben Spirituosen und Kosmetik werden Tabakwaren verkauft. Das Angebot ist allerdings relativ übersichtlich. Wer kurz vor dem Abflug noch Geschäftspartner treffen möchte, kann dies jetzt gern tun. Der exklusive Innenbereich ist allerdings nur Fluggästen vorbehalten. Geschäftspartner melden sich am Empfang, sodass Ihre persönliche Betreuerin Sie informieren kann, sobald die Gäste eingetroffen sind. Bitte vergessen Sie nicht, dass Sie wieder durch die Sicherheitskontrolle müssen, wenn Sie sich von Ihren Gästen verabschieden! Ihre Assistentin wird Sie über den Abflug informieren und Sie zur Passkontrolle begleiten. Vielflieger wissen natürlich, dass das Prozedere in wenigen Augenblicken abgeschlossen ist. Eine Limousine bringt Sie direkt zum Flugzeug.

Freigepäck: 3 x 32 kg

First Class/Senator-Lounges

Die Lufthansa verfügt über einen eigenen Terminal (1) auf Deutschlands größtem Flughafen. Beim Check-in in der Lounge legen Sie Ihre Bordkarte vor. Falls Sie noch keine haben sollten, wird Ihnen diese dort ausgestellt. Sie können in der Lounge alle Annehmlichkeiten in vollen Zügen genießen, unabhängig davon, ob Sie First oder Business Class gebucht haben.

Die Business Class-Lounges sind naturgemäß stärker frequentiert als die First Class-Lounges. Jedoch sollten Sie sich beim Check-in genau erkundigen, wieviel Zeit Sie zum Abfertigungsgate benötigen. Wenn Sie Passagier der First Class sind, werden Sie rechtzeitig informiert und bis zum Abflug individuell betreut.

First Class-Lounges

- Terminal 1, Abflugbereich B22, Zugang neben Gate B22
- Terminal 1, Abflugbereich A13, in der Nähe von Gate Z50
- Terminal 1, Abflugbereich B43, neben Gate B43

Exklusiver Mantelservice in Frankfurt und München

Sie fliegen in der kalten Jahreszeit nach Singapur bzw. Bali? Von November bis April haben Sie die Möglichkeit, Ihren Mantel abzugeben: direkt bei den Mitarbeitern von Lufthansa im First Class-Terminal in Frankfurt oder in den First Class-Lounges in Frankfurt und in München. Er wird bis zu Ihrer Rückkehr aufbewahrt.

Business Class Lounges

- Terminal 1, Abflugbereich B44, in der Nähe von Gate B44
- Terminal 1 Abflugbereich Z50, Ebene 3 bei Gate Z50
- Terminal 1, Abflugbereich B24, bei Gate B24

Freigepäck: 2 x 32 kg

Qatar Airways und Co.

Zugegeben: Die Serviceangebote in der First und Business Class der Golf-Airlines sind schon äußerst verlockend. Auch der Ticketpreis liegt unter dem von Lufthansa und Singapore Airlines. Allerdings machte Qatar Airways in den letzten Jahren auch immer wieder mal Negativschlagzeilen. So hatte eine der größten Tageszeitungen Deutschlands regelrecht eine Kampagne gegen die Airline aus Qatar gestartet. Als Hauptkritikpunkt steht hier der schlechte Umgang mit weiblichen Flugbegleitern. Auch den Mitgliedern des Deutschen Bundestages wurde später empfohlen, diese Airline zu meiden. Bei den anderen Golf-Airlines dürfte es wohl ähnlich sein. Daher sollten Sie sich genau überlegen, ob Sie nicht doch lieber die europäischen Airlines unterstützen, auch wenn der Ticketpreis etwas höher liegt. Damit leisten Sie einen wichtigen Beitrag, um die Standorte in

Deutschland, Österreich und der Schweiz zu sichern und Arbeitsplätze zu erhalten.

Klima und Wetter

Die globale Klimaerwärmung macht auch vor Singapur und Bali (Thailand & Malaysia) nicht halt. Der Klimatabelle können Sie die ungefähren Temperaturen für Ihre Reisezeit entnehmen.

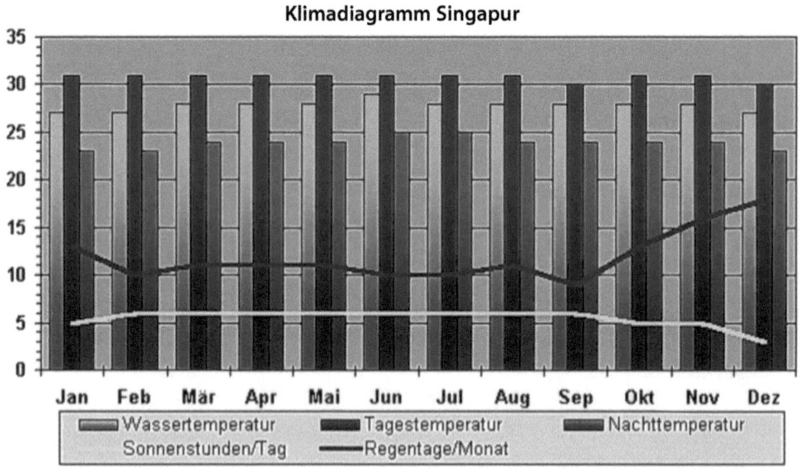

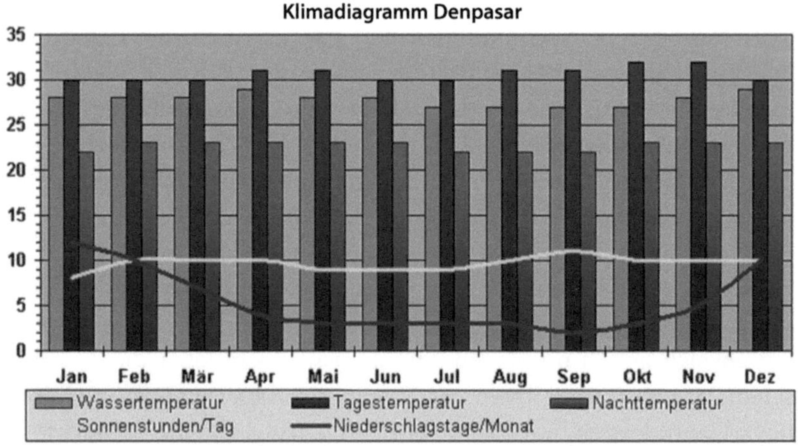

Die Plage mit dem Jetlag

Als Jetsetter können Sie in der First oder Business Class im Flugzeug sehr bequem und komfortabel schlafen bzw. Entspannung finden. Als Faustregel gilt: Pro Stunde Zeitverschiebung benötigt der Körper einen Tag, um sich an den neuen 24-Stunden-Rhythmus zu gewöhnen. Bei Reisen nach Singapur oder Bangkok mit sechs Stunden Zeitverschiebung stellt dies eine enorme Herausforderung für Körper und Geist dar. 2013 wollen Wissenschaftler die Ursache des Jetlag herausgefunden haben. Bis aber tatsächlich ein Mittel dagegen erhältlich ist, werden wohl noch einige Jahre vergehen. Wir haben zwar auch kein Patentrezept, jedoch einige Tipps, wie Sie die Zeitverschiebung abfedern können. Schon vor dem Abflug können Sie entsprechende Vorbereitungen treffen. Erfahrungsgemäß fliegen viele Jetsetter an einem Montag ab. So kann man das Wochenende davor nutzen, eine oder zwei Stunden früher ins Bett zu gehen. Während des Fluges sollte man auf zu großen Alkoholkonsum verzichten. Ein Glas Rotwein kann sich jedoch positiv auswirken. Unterschätzen Sie nicht das Essen! Einige Wissenschaftler empfehlen, auf den Flügen nach Asien Fisch, Fleisch, Käse und Eier zu sich zu nehmen.

Fluggesellschaften haben sich bei Abflügen von Europa aus bereits auf die Zeitverschiebung eingestellt. So wird bei Abflug am Vormittag die Kabine nach dem Mittagessen abgedunkelt. Bei Ankunft im Zielgebiet am frühen Morgen (in Deutschland ist es dann noch Mitternacht) sollten Sie erst Ihr Gepäck auf das Hotelzimmer bringen lassen und duschen. Dann geht's ab ins Licht – oder Sie gönnen sich eine Massage. Einige Spas haben sich darauf eingestellt. Nicht zu empfehlen sind Schlaftabletten, da sie den Körper nur unnötig belasten. Auch die Klimaumstellung ist nicht zu unterschätzen. Daher sollten anstrengende sportliche Betätigungen im Freien vermieden und stattdessen das Fitnessstudio im Hotel besucht werden. Für Gäste, die sich nur zwei bis drei Tage in Singapur aufhalten, besteht die Gefahr des Doppel-Jetlags. Man sollte daher lieber den Tag-Nacht-Rhythmus der Heimat beibehalten. Ansonsten empfiehlt das Fraunhofer-Institut das »intelligente Lichtmanagement«: Warmes, weiches Licht trägt zur Entspannung bei und begünstigt die Melatoninproduktion. Einige Fluggesellschaften nutzen diese Erkenntnisse bereits.

Einreisebestimmungen
für Singapur und Indonesien (Bali)

Österreicher, Schweizer und deutsche Passinhaber benötigen für die Einreise nach Thailand, Singapur, Indonesien (Bali) und – bei Anreise mit dem *Eastern & Oriental Express* – Malaysia einen Reisepass, noch mindestens sechs Monate gültig sein muss. Da man sich das aufwendige Prozedere einer Visa-Beschaffung ersparen kann, ist auch eine kurzfristige Reise durchaus möglich.

Staatenlose oder andere Passinhaber sollten sich rechtzeitig vor der Abreise entweder bei den Fluggesellschaften oder den entsprechenden Botschaften informieren.

Die Einfuhr von Drogen ist in allen vier Ländern strikt verboten. Hierzu zählen auch die sogenannten weichen Drogen. Zigaretten dürfen in Singapur nicht eingeführt werden!

Anreise über Bangkok

Falls Sie den *Eastern & Oriental Express* ab der thailändischen Hauptstadt gebucht haben, benötigen Sie einen sogenannten Kabelflug. Konkret bedeutet dies, dass Sie den Hinflug von Ihrem Heimatflughafen nach Bangkok buchen und den Rückflug ab Singapur bzw. Denpasar auf Bali.

Auch die Verbindungen nach Bangkok von Wien und Zürich sind hervorragend. Mit der AUA bzw. der Swiss geht es im Direktflug nach Thailand. Lufthansa fliegt ebenso von einigen deutschen Flughäfen direkt in die thailändische Hauptstadt.

Ankunft in Bangkok (Flughafen)

Der 2006 eröffnete Flughafen ist einer der größten in ganz Asien. Wie hektisch der Flugbetrieb ist, erkennt man schon beim Landeanflug: Die Maschinen landen im Minutentakt. Der 24-Stunden-Betrieb sichert eine optimale Auslastung der beiden Start- und Landebahnen. Zahlreiche internationale Auszeichnungen, auch von Skytrax, bestätigen nicht nur die sehr gute Infrastruktur, sondern auch die optimalen Serviceleistungen. Der moderne Flughafen befindet sich etwa 30 km östlich der Hauptstadt. Durch den Skytrain ist er direkt mit der Innenstadt verbunden.

First Class-Passagiere der Lufthansa, AUA, Swiss und von Thai Airways werden in der Regel direkt nach der Ankunft vom Servicepersonal empfangen und mit einem Elektro-Wagen zur Passkontrolle gefahren. Das kleine Einreisekärtchen sollte vorher ausgefüllt werden. Bedingt durch die »Fast Lane« kommt es zu keiner nennenswerten Wartezeit. Das Reisegepäck wird bei allen hier vorgestellten Fluggesellschaften als Erstes auf dem Gepäckband ausgeliefert. Das Servicepersonal ist Ihnen dabei gern behilflich.

Passagieren der Business Class legen wir das Serviceangebot von Bangkok Flight Services (BFS) ans Herz. Buchen Sie dieses vor der Abreise über das Reisebüro oder das Internet. Ansonsten müssen Sie mit längeren Wartezeiten bei der Passkontrolle rechnen! Der Fluggast kann aus zwei Varianten auswählen:

1. Beförderung mit einem Elektro-Wagen
2. ohne Wagen

Egal, für welche Möglichkeit Sie sich entscheiden, das Servicepersonal von Bangkok Flight Services (BFS) steht bei der Ankunft im Terminal mit Ihrem Namensschild bereit und begleitet Sie direkt zur Passkontrolle und weiter zur Gepäckausgabe.

Weitere Informationen und Buchungen über die Website:
bangkokflightservices.com

Im Anschluss daran geht es zum Ausgang, wo Ihre Limousine Sie dann direkt in das gebuchte Hotel bringt. Die ungefähre Transferdauer vom Flughafen zu den Hotels beträgt zwischen 20 und 30 Minuten. Da der *Eastern & Oriental Express* zu festen Zeiten abfährt – in der Regel zwischen 17 und 18 Uhr –, empfehlen wir mindestens eine Übernachtung in Bangkok.

Hotelempfehlungen

Mandarin Oriental Hotel

Es ist nicht nur eins der schönsten Hotels der Welt, das *Mandarin Oriental Bangkok* setzt auch Maßstäbe, die ihresgleichen suchen. Zahlreiche internationale Auszeichnungen belegen diese Sonderstellung; gerade von extrem anspruchsvollen Reisenden wird es in den höchsten Tönen gelobt. Es ist der ideale Ausgangspunkt, um nach einem langen Flug zu entspannen und sich optimal auf den *Eastern & Oriental Express* einzustimmen.

Das Spa im Hotel befindet sich auf der gegenüberliegenden Flussseite und bietet unter anderem auch Massagen gegen den Jetlag an! Falls Sie nur eine Nacht im Hotel bleiben, empfehlen wir unbedingt eine vorherige Reservierung. Den Abend können Sie in der legendären *Bamboo Bar* stilvoll ausklingen lassen.

Viele Gäste, die mit dem *Eastern & Oriental Express* von Bangkok nach Singapur reisen, wohnen gerne in diesem Hotel. Selbstverständlich wird man Sie auch ganz unkompliziert und stilvoll zum Bahnhof fahren.

Dusit Thani

Das *Dusit Thani* ist eines der ältesten Hotels in Bangkok. Von seinem Charme und Luxus hat es bis heute nichts verloren. Hier steht der anspruchsvolle Reisegast im Mittelpunkt. Wer vor der Abfahrt mit dem Luxuszug noch schnell einige Einkäufe erledigen muss, ist hier besonders gut aufgehoben, da es sich in der Innenstadt befindet.

Auch in diesem Haus empfehlen wir nach dem etwas anstrengenden Flug eine Massage im Spa. Selbstverständlich wird auch hier vom Hotel ein Transfer zum Bahnhof angeboten.

Eastern & Oriental Express

Eine Luxuszugreise für Genießer und Weltenbummler

Der *Eastern & Oriental Express* fährt zu festgesetzten Zeiten von Bangkok nach Singapur und zurück. Empfehlenswert ist die Reise ab Bangkok. Am Nachmittag checken Sie bequem am Hauptbahnhof *Hua Lamphong* in Bangkok/Thailand ein. Sie sollten nach Möglichkeit mindestens drei Stunden vor Abfahrt (ca. 17.50 Uhr) am Check-in-Schalter sein. Der Bahnsteig des *Eastern & Oriental Express* ist entsprechend ausgeschildert. Nachdem Sie Ihr Gepäck abgegeben haben, müssen Sie sich um nichts weiter kümmern. Bitte bedenken Sie, dass Sie lediglich einen Koffer und ein Handgepäckstück mit in Ihre Kabine nehmen können. Die anderen Koffer bekommen Sie in Singapur wieder ausgehändigt.

Das Zugpersonal heißt Sie herzlich willkommen.

Im klimatisierten Empfangsbereich erhalten Sie Getränke und kleine Snacks. Etwa 30 Minuten vor Abfahrt werden Sie von Mitarbeitern des *Eastern & Oriental Express* stilvoll zum Zug eskortiert. Über den sprichwörtlich roten Teppich schreiten Sie zu Ihrer Kabine. Ihr Gepäck ist natürlich bereits an Bord.

Der Cabin Steward erklärt Ihnen nun die Besonderheiten; ihm können Sie vertrauensvoll die Reisepässe aushändigen, er übernimmt die jeweils erforderlichen Aus- bzw. Einreisegenehmigungen.

Selbstverständlich haben alle Kabinen ein eigenes Badezimmer mit Dusche. Hochwertige Kosmetikartikel sind ebenso vorhanden wie sehr bequeme Hausschuhe.

Genießen Sie von Ihrem Fenster die Ausfahrt aus Bangkok oder nehmen Sie einen Drink in einer der beiden Bars. In den Kabinen sowie im Restaurant herrscht absolutes Rauchverbot. Im Aussichtswagen am Zugende dagegen kann geraucht werden.

Die maximal 47 voll klimatisierten Schlaf-, Speise- sowie Bar- und Salonwagen spiegeln den Kolonialstil des frühen 20. Jahrhunderts

Jedes Abteil verwandelt sich am Abend in ein prächtiges Schlafgemach.

wider. Durch die harmonische Kombination dieses Stils mit asiatischen Materialien und Motiven ist der Luxuszug eine einzigartige Mischung aus Nostalgie und Exotik. Auch das elegante dunkelgrüne Exterieur signalisiert den Reisenden bereits beim ersten Blick auf dem Bahnsteig, dass sie beim Betreten des Zuges in eine andere Welt versetzt werden.

An Bord haben Sie die Wahl zwischen drei Kabinentypen: Sehr luxuriös geht es in den beiden *Präsidenten-Suiten* mit zwei ebenerdigen Betten zu. Die komfortablen und voll klimatisierten Kabinen verfügen über eigene Duschen und Toiletten. Die gemütlichen Kabinen, in denen selbstverständlich auch Champagner oder andere Leckereien serviert werden, verwandelt der Cabin Steward abends in

Darf's ein Glas Champagner sein? Kulinarisch bleiben kaum Wünsche übrig.

Nicht nur bei Fotografen beliebt: der offene Aussichts-Waggon.

prächtige Schlafabteile. Auch die *State Cabin* lässt keine Wünsche offen. Die *Pullman Cabin* ist etwas kleiner. Egal, für welche Kabine Sie sich entscheiden – die Umwandlung der Tages- in eine Nachtkabine übernimmt natürlich der Steward für Sie.

Die Fahrt genießen die Passagiere entweder in den luxuriösen Kabinen oder in einem der hochwertig ausgestatteten Salon- und Barwagen. Besonders beliebt ist natürlich der offene Aussichts-Waggon am Zugende. Kulinarisch werden Sie bestens versorgt – so, wie Sie es als anspruchsvoller Reisegast kennen und schätzen. Küchenchef Yannis Martineau hat die Kunst des Kochens auf engstem und dazu noch schwankendem Raum perfektioniert. Er vollbringt mit seinem Team wahre Meisterwerke und begeistert die Gäste bei jeder Mahlzeit erneut durch seine kulinarischen euroasiatischen Kreationen. So wird die Reise im *Eastern & Oriental Express* endgültig zu einem ganz besonderen Reiseerlebnis.

Lunch oder Dinner nehmen Sie in Gesellschaft der anderen Gäste ein. Die anspruchsvollen Reisenden sind größtenteils wahre Globetrotter und damit interessante Gesprächspartner; aus einer Reisebegegnung sind oft schon Freundschaften entstanden. Auch Mitglieder verschiedener Königsfamilien oder Hollywoodstars wissen die Annehmlichkeiten des *Eastern & Oriental Express* zu schätzen.

Der Zug bietet Platz für maximal 82 Passagiere, die von rund 40 professionellen Mitarbeitern betreut werden. Bei all dem Luxus kann es auch nicht verwundern, dass ein Pianist mit an Bord ist. Tagsüber zeigt man sich sportlich-leger. Bedingt durch die Klimaanlage sollte man Shorts und zu luftige Kleidung meiden. Über besondere Veranstaltungen im Zug werden Sie mit Lautsprecherdurchsagen informiert.

Wie eine Reise mit dem *Eastern & Oriental Express* ablaufen könnte, zeigen wir Ihnen auf den nächsten Seiten. Wir sind sicher: Sie werden unvergessliche Momente erleben.

Myanmar
LUANG PRABANG
BELMOND LA RÉSIDENCE PHOU VAO
CHIANG MAI
LAMPANG
Laos
Hainan
YANGON
BELMOND GOVERNOR'S RESIDENCE
Thailand
PHIMAI
PRASAT SIKHORAPHUM
RIVER KWAI
BANGKOK
PHANOM RUNG
SIEM REAP
BELMOND
LA RÉSIDENCE D'ANGKOR
HUA HIN
Cambodia
Vietnam
Andaman
Sea
KOH SAMUI BELMOND NAPASAI
SURAT THANI
Gulf of
Thailand
Key destinations
Belmond hotels
Route of the Eastern & Oriental Express
PENANG
BUTTERWORTH
KUALA KANGSAR
Malaysia
KUALA LUMPUR
SINGAPORE
Indonesia
Indonesia

Reiseverlauf (Beispiel)

1. Tag:
Am Bangkoker Hauptbahnhof *Hua Lamphong* gehen Sie an Bord, machen es sich in Ihrem Abteil bequem oder lassen sich im Restaurant verwöhnen.

2. Tag:
Nach dem Frühstück verlassen Sie in *Kanchanaburi* den Zug und besichtigen den *River Kwai* mit einem Historiker. Natürlich fährt der Zug exklusiv für die Reisenden über die berühmte *Brücke am Kwai,* sodass Sie von einem Boot aus wunderbare Foto- und Videoaufnahmen machen können. Von hier aus geht es zum Kriegsmuseum und dem Friedhof. Der *River Kwai* ist ein fließendes Monument zu Ehren menschlichen Durchhaltevermögens: Die berühmt-berüchtigte Brücke im Westen Thailands wurde im 2. Weltkrieg von Kriegsgefangenen erbaut. Die darüber führende Eisenbahnlinie bildete einen Teil des *Schienenstrangs des Todes;* sie verband Thailand und Burma. Auf einer Barke geht es weiter flussabwärts, bevor Sie zum Thailand-Burma-Eisenbahnzentrum gelangen.

3. Tag:
Der Zug fährt nach *Padang Besar* in Thailand, an der Grenze zu Malaysia. In *Butterworth* steigen Sie aus und fahren hinüber auf die Insel *Penang*. Erkunden Sie *Georgetown* mit seinem großartigen chinesischen Tempel und einem Museum über die Kultur der *Peranakan* sowie das historische *Eastern & Oriental Hotel.*

4. Tag:
Lassen Sie beim Frühstück in Ihrem Abteil die malerische Landschaft an sich vorüberziehen. Der Zug passiert den *Johor-Singapore Causeway,* bevor Ihre Reise in Singapur endet. Sie können die Reise auch schon in *Kuala Lumpur* beenden und von dort nach Bangkok zurückfliegen, jedoch ist die Fahrt bis nach Singapur empfehlenswert, da dort ein weiteres Highlight wartet.

Mahlzeiten

Das Frühstück nehmen Sie in Ihrer Kabine ein. Ihr persönlicher Steward berücksichtigt selbstverständlich Ihre Sonderwünsche. Sie bestimmen, wann Sie geweckt werden möchten. Bereits ab sieben Uhr morgens steht Ihnen der Aussichts-Waggon zur Verfügung. Hier serviert man auch gern kleinere Erfrischungen, während Sie Foto- oder Videoaufnahmen machen und die tolle Landschaft genießen. Die Gourmet-Mahlzeiten werden im Restaurant serviert, wobei es beim Dinner besonders stilvoll zugeht. Die Damen präsentieren sich in einem schicken Abendkleid und die Herren im Smoking oder dunklen Anzug. Dass Sie auch hier hoch prämierte Weine und erlesene Champagner-Sorten bekommen, versteht sich von selbst. Wenn Sie eine bestimmte Diät einhalten müssen, geben Sie das bitte schon bei der Reservierung an. Auch vegetarische Menüs werden jederzeit angeboten. Abends trifft man sich gern im exklusiven Bar-Waggon und lässt sich individuelle Cocktails mixen.

Ausflüge

Die zur Auswahl stehenden Ausflüge sind selbstverständlich ein Bestandteil der Reise. Zumeist dauern sie zwischen zwei und drei Stunden. Fotoapparate oder Smartphones sollten Sie unter keinen Umständen vergessen. Eventuelle Eintrittsgelder, die an den Besichtigungspunkten erhoben werden, sind natürlich inbegriffen. Planen Sie einen individuellen Ausflug, informieren Sie bitte die Crew – und seien Sie pünktlich vor der Weiterfahrt wieder am Zug.

Fahrplan

Der Luxuszug verkehrt zwischen Januar und April sowie zwischen September und Dezember. Er fährt zu festgelegten Terminen von Bangkok beziehungsweise Singapur ab. Die genauen Zeiten entnehmen Sie der Homepage (*belmond.com*). In der ersten Nacht in Thailand pausiert der *Eastern & Oriental Express*, an den folgenden Tagen fährt der Zug auch nachts.

WiFi

Auf WiFi hat man ganz bewusst verzichtet. Gönnen Sie der Weltpolitik oder Ihrem Geschäft einfach mal eine Pause und konzentrieren Sie sich entspannt auf den Genuss der Reise.

Buchungen

Reservierungen können Sie über jedes gute Reisebüro oder jeden Veranstalter bzw. direkt auf der Homepage von *Belmond* vornehmen.

Ankunft

Bereits im Zug bekommen Sie die Einreisekarte für den Stadtstaat, die Sie bequem in Ihrem Abteil ausfüllen können. Ihr Reisegepäck wird für Sie in der Ankunftshalle im modernen Bahnhof *Woodlands* bereitgestellt. Die Crew vom *Eastern & Oriental Express* steht hier zum letzten Mal Spalier.

Die Zoll- und Passabfertigung erfolgt zügig. Bitte bedenken Sie, dass die Einfuhr von Zigaretten/Tabakwaren nach Singapur nicht erlaubt ist bzw. nachversteuert werden muss. Eine angefangene Schachtel Zigaretten stellt jedoch kein Problem dar.

Wenn Sie das Bahnhofsterminal verlassen, steht, soweit gebucht, die Transfer-Limousine schon bereit. Achten Sie auf das Schild des jeweiligen Hotels und Ihren Namen. Gegen 11 Uhr fahren Sie dann zu Ihrem Hotel. Die Transferzeit zum anderen Ende der Stadt beträgt ca. 30 Minuten (z. B. in das *Raffles Hotel*). Die Autobahn bzw. Schnellstraße ist hervorragend ausgebaut.

Singapur

Travel in Style ...

Ankunft in Singapur

Der *Changi Airport* gehört zu den größten in ganz Asien und ist ein wichtiger Hub für innerasiatische Flüge, aber auch auf den Strecken von Europa nach Australien und Neuseeland. Er liegt nur knapp 17 km vom Stadtzentrum entfernt. In den äußerst modernen Terminals vergeht die Wartezeit sprichwörtlich wie im Fluge. Grund dafür sind sicher auch die zahlreichen Einrichtungen, die zum Teil nicht nur kostenlos genutzt werden können, sondern auch extrem familienfreundlich sind. Hunderte von internationalen Auszeichnungen erhielt der 1981 eröffnete Flughafen bereits, er hat 24 Stunden am Tag geöffnet. Leider bearbeitet der Betreiber Reklamationen der Passagiere sehr unprofessionell.

Der Terminal 3 (2008 eröffnet) wird primär von Singapore Airlines mit seinen A380 (ex Frankfurt) genutzt. Die tropische Bepflanzung erstreckt sich auf 300 m und bis zu 15 m in der Höhe. Der Terminal 2 bietet seinen Passagieren sogar einen gewaltigen Swimmingpool mit Jacuzzis und Liegen unter freiem Himmel an (gegen Gebühr). Auf der Ebene 3 im Terminal 2 und 3 werden gratis Blockbuster in den Kinos angeboten.

Kostenloses WiFi ist zwar heute schon selbstverständlich, jedoch nicht immer und überall auf dem Flughafengelände zu bekommen.

Wer etwas Zeit für seinen Weiterflug nach Bali und Indonesien mitbringt, kann kostenlos eine zweistündige Stadtrundfahrt buchen. Dass man auf *Changi* kulinarisch bestens versorgt wird - und dies nicht nur in den exzellenten Lounges - versteht sich von selbst.

Kurze Wege

Tests haben ergeben, dass speziell die Passagiere der First Class innerhalb von 15 Minuten nach Ankunft den Flughafen verlassen können. Lange Schlangen bei den Passkontrollen sind äußerst selten. Das Gepäck wird extrem zügig bereitgestellt.

First Class-Lounge(s) Terminal 3

Hier befinden sich die First und Business Class-Lounges von Singapore Airlines und Lufthansa. Folgen Sie einfach den Hinweisschildern.

First Class/The Private Room

Modern und sehr gemütlich eingerichtet, wunderschöne Orchideen überall. Direkter Blick auf das Rollfeld. Kulinarisch werden Sie hier hervorragend verwöhnt.

Business Class

Sehr stark frequentiert morgens (6 bis 9 Uhr) und abends (19 bis 23 Uhr), relativ groß. Zahlreiche sanitäre Anlagen (auch Duschen) sind vorhanden. Kulinarisch mit den anderen Lounges vergleichbar. Ein Nachteil: Hier gibt es kein Tageslicht.

Singapur – Bali

Für den Weiterflug nach Denpasar auf Bali, Indonesien, empfehlen wir den Star Alliance-Partner der Lufthansa Group – die ebenso ausgezeichnete Singapore Airlines. Die Kurzstrecke nach Denpasar wird von Singapore Airlines vier- bis fünfmal täglich angeflogen. Für den zweistündigen Flug gibt es eine sehr gute Business Class.

Von den Budget Airlines (Tiger Air etc.) wird abgeraten.

Geschichte

***Einst ein einsames Piratennest,
hat die Insel in den letzten zweihundert Jahren
eine imposante Karriere hingelegt.***

Die ersten urkundlichen Erwähnungen stammen aus dem 7. und 8. Jahrhundert. Das damalige Fürstentum (Temasek) war bekannt als die »Stadt am Meer«. Den Namen »Löwenstadt« (Singapur) gibt es schon seit dem 14. Jahrhundert. Der Legende nach soll ein Prinz im heutigen Staatsgebiet im Dschungel auf einen Löwen gestoßen sein. Als sich beide gegenüberstanden und sich in die Augen sahen, steckte der Prinz sein Schwert wieder ein, und beide gingen unbeschadet ihres Weges.

Thomas Stamford Bingley Raffles
Der Forscher und Stadtgründer wurde am 6. Juli 1781 auf Jamaika geboren. Faktisch überall im Stadtstaat begegnet man *Sir Stamford Raffles*. Sei es als Straßenname, Statue, Einkaufszentrum oder als das über Asien hinaus bekannte *Raffles Hotel*. Und dies aus sehr gutem Grund: 1819 handelte der Angestellte der *British East India Company* dem *Sultan von Johore* die kleine Insel vor der Südspitze Malaysias ab. In rasantem Tempo verwandelte er den kleinen unbedeutenden Ort in einen Freihafen, der Händler aus allen Nationen in Asien magisch anzog. Schon vier Jahre später, 1824, erwarb die *East Indian Company* ganz offiziell die Insel. Dies gilt als Geburtsstunde Singapurs.

Der Ort wurde damit zur wichtigsten britischen Kolonie und zum bedeutendsten Warenumschlagplatz in ganz Asien. Nur zwei Jahre später, am 5. Juli 1826 (am Vorabend seines 45. Geburtstages), verstarb Sir Thomas Stamford Bingley Raffles an den Folgen eines Schlaganfalls in London.

Im 2. Weltkrieg besetzten die Japaner Singapur, der Handel kam völlig zum Erliegen. 1945 kapitulierten die Besatzer; die Briten übernahmen wieder das Zepter. 1963 sagten sich Singapur und Malaysia von der britischen Krone los und wurden unabhängig. Seit dem 9. August 1965 existiert Singapur als eigenständiger Staat.

Unter der Regentschaft des ersten Premierministers *Lee Kuan Yew* entwickelte sich die Stadt in rasantem Tempo zum multikulturellen Stadtstaat und Wirtschaftswunder par excellence. Trotz zahlreicher internationaler Wirtschaftskrisen hat Singapur bis heute den größten Handelshafen der Welt, gilt politisch als stabil und bietet seinen Einwohnern einen sehr hohen Lebensstandard und hervorragende Bildungsmöglichkeiten.

Sauberes Singapur

Nicht nur optisch ist festzustellen, dass der kleine Stadtstaat (716 km^2) zu einem der saubersten Länder der Welt überhaupt gehört, auch in der Politik und in den kommunalen Verwaltungen geht es fair zu: So ist man im Ranking der Anti-Korruptions-Organisation immer auf den vordersten Plätzen. Das Pro-Kopf-Jahreseinkommen ist knapp 10.000 € höher als in der Bundesrepublik Deutschland. Daher ist es kein Wunder, dass nahezu 90% der Bewohner Wohneigentum besitzen.

Auch wenn wir heute *Chinatown* oder *Little India* besuchen, sind diese Stadtteile längst nicht mehr ausschließlich von Chinesen oder Indern bewohnt. Im Gegenteil: Der Staat achtet peinlich genau auf die Verhinderung von Gettos. In der 5,5-Millionen-Metropole leben ca. 74% Chinesen, ca. 13% Malaien und etwa 9% Inder. Die Haupt- und Geschäftssprache ist Englisch. Die meisten der Einwohner von Singapur wachsen zweisprachig auf und erlernen nicht selten noch eine dritte Fremdsprache.

Neben dem Handel (Singapur hat den größten Seeumschlaghafen der Welt) ist die Stadt auch eines der bedeutendsten Finanzzentren weltweit. Auch der jetzt schon große *Changi-Flughafen* wird in den kommenden Jahren noch weiter ausgebaut werden müssen, um sich im Kampf um Passagiere und Frachtaufkommen in Asien behaupten zu können.

Singapur zählt an die 200.000 Millionäre, das sind etwa 2,8% der Einwohner. Jährlich kommen 6.800 neue Millionäre dazu. Auch die Zahl der Milliardäre ist relativ hoch. Die meisten verdienten ihr Geld mit Immobilien oder Finanzdienstleistungen. Der beliebteste Stadtteil der Wohlbetuchten ist der *Swiss Club* (Swiss Club Road). Hier reiht sich eine Prachtvilla an die andere. Auch im *Ridley Park* residieren die Wohlhabenden des Tigerstaates.

In Singapur ist alles bestens geregelt und organisiert. Eine Legende, die sich hartnäckig hält, ist allerdings, dass Kaugummi verboten sei. Auch wenn man ihn heute primär in Apotheken (*Pharmacy*) bekommt, ist die Nachfrage doch relativ gering. Dagegen haben es Raucher in Singapur nicht ganz einfach. In den meisten Hotelzimmern darf nicht geraucht werden. Nur wenige verfügen über einen kleinen Balkon. Deshalb sollten Sie speziell in Singapur Ihre Sonderwünsche bereits im Vorfeld angeben. In den hier vorgestellten exklusiven Hotels bleiben die anspruchsvollen Gäste unter sich; Touristen sind in der Minderheit.

Transportmittel

Der öffentliche Nahverkehr ist bestens organisiert und bietet Einheimischen wie Besuchern ein dichtes Netz zu günstigen Preisen. Falls sich Ihr Hotel in der Nähe einer MRT-Station (S-Bahn) befindet, empfehlen wir den Umstieg auf die öffentlichen Verkehrsmittel. Auch wenn die zahlreichen Taxen (es gibt 40.000 davon) ebenso günstig sind, dauern die Fahrten, bedingt durch die vielen Einbahnstraßen, mitunter etwas länger. Es herrscht Linksverkehr.

Wenn Sie mit dem *Eastern & Oriental Express* anreisen, nehmen Sie am besten vom Bahnhof aus ein Taxi. Es gibt zwar auch hier öffentliche Nahverkehrsmittel, die jedoch mit Gepäck etwas unbequemer zu erreichen sind. Reisende, die auf einen entsprechenden Transfer nicht verzichten möchten, haben diesen bereits bei der Hotelbuchung angemeldet. Das gilt auch für den Transfer vom und zum Flughafen. Ansonsten besteht auch spontan die Möglichkeit, am Airport ein Taxi zu bekommen. Die Hotels verfügen zumeist über einen Fuhrpark, den Sie für Ausflüge nutzen können. Ansonsten kann man ein Taxi auch bequem über den Butlerservice bestellen.

Politik

Singapur ist offizielles Mitglied der UNO und ein international anerkanntes Land. Der Stadtstaat kann auf viele Superlative verweisen, angeführt von der Tatsache, eines der sichersten Länder weltweit zu sein. Dazu werden öffentliche Räume großflächig überwacht, was die Bevölkerung allerdings ohne Murren akzeptiert. Auch wenn man wählen kann – bzw. muss, denn es besteht Wahlpflicht – bezweifeln manche Politiker, dass es sich wirklich um eine Demokratie nach westlichen Vorstellungen handelt; eine Opposition ist im Parlament faktisch nicht vertreten. Seit einigen Jahrzehnten ist die PAP (Peoples Actions Party) an der Macht. Kritik über Missstände ist in den Medien zwar erlaubt, aber eine 100%ige Pressefreiheit gibt es nicht. So sind sind zum Beispiel der *Playboy* und pornografische Printmedien bzw. Filme verboten.

Bei Drogenkonsum bzw. -schmuggel ist die Toleranzgrenze sehr niedrig. Ab einer bestimmten Menge an Drogen kann die Todesstrafe vollstreckt werden. Auch Vandalismus wird hart bestraft. Wir erinnern an den Fall zweier deutscher Jugendlicher, die einige S-Bahn-Züge mutwillig mit Graffiti beschädigten. Selbst als sie schon außerhalb des Landes, in Malaysia, waren, wurden sie dort verhaftet und in Singapur verurteilt.

Der Verkauf von alkoholischen Getränken in den Supermärkten ist (momentan) nach 22:30 Uhr nicht mehr erlaubt. In den Hotels und Restaurants gibt es jedoch keine Einschränkungen.

Alles, aber auch wirklich alles, ist in Singapur durch Gesetze und Verordnungen zum allgemeinen Schutz und Wohlbefinden der Bevölkerung geregelt. Dies scheint die Bewohner jedoch nicht weiter zu stören, solange sie in einem friedlichen und sauberen Land leben und sich einen gewissen Lebensstandard erarbeiten können.

Ein Spaziergang quer durch Asien

Seit einigen Jahrzehnten präsentiert sich der Tigerstaat als ultramodern mit imposanten Hochhäusern, ohne jedoch die Vielfalt der unterschiedlichen Kulturen aus dem Auge zu verlieren.

Chinatown

Südlich des Singapur-Flusses liegt der Stadtteil *Chinatown* mit all seinen Facetten, mit seiner typischen Architektur, Tempeln, Gemüseläden, bunten Boutiquen, vielen Kneipen und selbstverständlich den chinesischen Apotheken. Zahlreiche Restaurants aus den verschiedensten Regionen Chinas finden Sie in der *Smith Street*. Oder schmerzen Ihre Füße und Sie benötigen eine Fußreflexzonenmassage? Äußerst professionell werden sie wieder in Form gebracht.

Näher unter die Lupe genommen haben wir die renommierte und wohl bekannteste Apotheken-Kette *Eu Yan Sang*. Alleine in Singapur gibt es 44 Niederlassungen, weltweit sind es an die 300. Die Kette betreibt sogar 24 Kliniken. Die meisten davon befinden sich allerdings in China. Die Apotheker (zumindest die der hier angesiedelten Apotheken) werden zwischen zwei und vier Jahre lang für ihre verantwortungsvolle Arbeit geschult.

Der Großteil der verwendeten Heilkräuter stammt aus China, wird aber von der örtlich zuständigen Regierung vor der Zulassung auf gefährliche Rückstände kontrolliert. Sie alle fußen auf der traditionellen chinesischen Heilmedizin und wirken auf natürlicher Basis. Auch wenn die Filialen nach außen hin relativ modern wirken, so steht die Tradition auch heute noch im Mittelpunkt. Die Apotheker stellen individuelle Arzneimittel nach dem Krankheitsbild zusammen. Ausgebildete Ärzte sind in den meisten Filialen vorhanden.

Weitere Informationen: *euyansang.com*

Buddha Tooth Relic Temple ■

Tee-Zeremonie

Wenn Sie in Chinatown sind, dürfen Sie natürlich eine chinesische Tee-Zeremonie nicht versäumen. Empfehlenswert ist das *Tea Chapter* in der *Neil Road*. Hier war schon die englische Queen zu Gast; Sie können also davon ausgehen, dass es wohl das beste Teehaus in der Stadt ist. Für den Besuch eines Teehauses sollte man viel Zeit mitbringen, um sich eine Auszeit von der pulsierenden Großstadt zu gönnen. Besonders empfehlenswert ist der Besuch auch als Pause vom Besichtigungsprogramm, da dieses mitunter ganz schön stressig sein kann. Die ganze Zeremonie dauert ca. 90 Minuten. Sie genießen nicht nur den Tee, sondern auch die Ruhezeit. In einem kleinen Teeshop können Sie hochwertige Teesorten erwerben.

Weitere Informationen:	*teachapter.com*
Öffnungszeiten:	täglich 11 – 23 Uhr

Tempel

Speziell in Chinatown findet man zahlreiche Tempel. Die meisten von ihnen dürfen besichtigt werden, wenngleich nicht alle Gebäudeteile der interessierten Öffentlichkeit zur Verfügung stehen.

Buddha Tooth Relic Temple

Der wohl bekannteste und imposanteste Tempel ist der *Buddha Tooth Relic Temple and Museum* in Richtung *South Bridge Road*. Er ist zwar historisch nicht besonders wertvoll, da er erst 2007 eingeweiht wurde, jedoch von der Architektur her interessant. Dem Tempel angegliedert ist ein Kloster, welches für Besucher geschlossen bleibt. Hier leben an die einhundert Mönche. Der Tempel wurde durch

Spenden (40 Millionen US$ und ca. 200 kg Gold) von der Gemeinde selbst finanziert. Hin und wieder kann man die Mönche bei den Zeremonien beobachten.

Weitere Informationen:	*btrts.org.sg*
Öffnungszeiten:	täglich 9 – 18 Uhr
Eintritt:	frei

Sri Mariamman Temple

Zwischen all den Wolkenkratzern in der *South Bridge Road* liegt der wohl älteste Tempel der Stadt. Bereits 1827 stand an dieser Stelle ein Tempel, der damals noch in Holzbauweise errichtet worden war. Erst um 1862 entstand der Tempel in der heutigen Form, der sicherlich zu den schönsten seiner Art zählt. Man beachte unbedingt die farbenprächtigen Deckenmalereien. Gläubige Hindus beten hier zur Göttin Sri Mariamman, um von Krankheiten geheilt oder vor ihnen geschützt zu werden. Jedes Jahr im Oktober ist der Tempel Hauptschauplatz des *Thimithi*-Festes, zu dem Gläubige über glühende Kohlen laufen.

Öffnungszeiten:	täglich 7 - 12 und 18 - 21 Uhr
Eintritt:	frei

Arab Street

Mit *Arab Street* (Straße der Araber) ist nicht zwangsläufig eine Straße gemeint; hier handelt es sich vielmehr um das Gebiet nördlich der *Ophir Road*, auch *Kampong Glam* genannt. Dennoch lässt es sich leicht erkennen, denn die Mischung aus arabischer Architektur und Basarstimmung rund um die goldene Kuppel der *Sultan-Moschee* macht die Gassen rund um die *Arab Street* zu einer faszinierenden Sehenswürdigkeit. Einst war dieses Gebiet im Stadtentwicklungsplan den muslimischen Händlern zugewiesen worden, aber auch malaiische und andere muslimische Bewohner zogen sich hierher zurück. Interessant wird es in den Abendstunden, wenn der Ruf des Muezzins durch die Gassen hallt und die Garküchen brutzeln, was das Zeug hält. In den Restaurants und Geschäften ist natürlich alles *halal*. Empfehlenswert ist der Besuch des *Zam-Zam-Restaurants* in der Nähe der *North Bridge Road*. Seit hundert Jahren wird hier schon der *Roti Prata* und *Murtabak*-Fladen vor den Augen der Hungrigen gebraten bzw. zubereitet. Im Übrigen finden Sie hier auch ganz hippe Designer, die die neuesten Modetrends anbieten.

Little India

Anders als die anderen ethnischen Stadtteile entstand *Little India* nicht nach des Gründungsvaters Siedlungsplan. Ursprünglich hatte Raffles den Indern nämlich das Zentrum zugewiesen. Doch die meisten der Zuwanderer zog es eher an den Stadtrand des damali-

gen Singapur, wo sie viel besser Kühe und andere Tiere halten konnten. Bedingt durch das stete Wachstum liegt *Little India* aber wieder mitten im Zentrum der Stadt, wenn heute auch keine Tiere mehr gehandelt werden. Dass Sie in »Klein-Indien« sind, sehen Sie nicht nur an den indischen Frauen mit ihren perlenbestickten Saris, sondern an den hinduistischen Tempeln, den Gewürzhändlern, Goldschmieden und Geschäften, die neben bunten Saris interessante Stoffe anbieten. Ein besonderes Flair kommt am Abend auf, wenn die kleinen Restaurants öffnen und die indische Bevölkerung den Feierabend verbringt. Tagsüber wirkt der Stadtteil etwas nüchtern.

Sights & Sounds of Singapur

Museen, Galerien und Sehenswürdigkeiten

Singapur verfügt über zahlreiche Museen ganz unterschiedlicher Art. Einige sorgfältig ausgewählte stellen wir hier vor. Allein 54 staatliche Museen gibt es, die vielen privaten kleineren gar nicht mitgezählt. Zumindest die staatlichen werden großzügig von der Stadt unterstützt, um das historische und kulturelle Erbe zu konservieren.

Die Kunstszene wurde in den letzten Jahrzehnten etwas vernachlässigt. Das hat sich in den letzten Jahren aber zum Positiven geändert. Einheimische wie internationale Künstler können einem interessierten Publikum nun auch hier ihre Werke zeigen. Durch einen kleinen Kunst-»Hype« ist das Angebot an Galerien fast schon etwas zu reichhaltig. Wer sich für die Kunstszene interessiert, informiert sich am besten in der Tagespresse, welche Ausstellungen angesagt sind bzw. eröffnet wurden.

Baba House

Das zweistöckige blaue, schmale Gebäude hat seine Pforten als Museum erst 2008 geöffnet und ist mit viel Liebe zum Detail eingerichtet. Es wurde sehr aufwendig restauriert und in Zusammenarbeit mit der Universität wieder in seinen Originalzustand versetzt. Hier findet man im ersten und zweiten Stock das vollständig eingerichtete Wohnhaus einer chinesischen Familie aus dem 20. Jahrhundert. Im dritten Stock werden Sonderausstellungen gezeigt.

Das kleine Museum in Chinatown in der *Neil Road* kann nur mit einer ca. einstündigen, sehr professionell organisierten Führung besucht werden. Folgende Termine stehen zur Wahl:

Öffnungszeiten:	Montag 14 Uhr, Dienstag 18 Uhr Donnerstag 10 Uhr, Samstag 11 Uhr
Eintritt:	ca. 10 S$

Bitte buchen Sie die Besichtigung über einen hier gelisteten lokalen Reiseveranstalter oder über die Rezeption des Hotels.

Peranakan Museum

Das Gebäude im Kolonialstil gehört heute zum nationalen Kulturerbe. Es wurde 1912 als Schule eröffnet. Als *Peranakan* bezeichnet man eigentlich ein Mischvolk chinesischer und indischer Händler an den Küsten Malaysias aus dem 14. Jahrhundert. Wahrscheinlich ist dieses Museum eines der schönsten in Singapur. Neben Artefakten aus allen Lebensbereichen werden Kleider, Fotografien und Gebrauchsgegenstände aus längst vergangener Zeit würdevoll präsentiert.

Weitere Informationen:	*peranakanmuseum.sg*
Öffnungszeiten:	täglich 10 - 19 Uhr Freitag bis 21 Uhr
Eintritt:	ca. 6 S$

Das National Museum

Das *National Museum*, welches bereits 1849 errichtet wurde, ist das älteste Museum überhaupt. Schon das Gebäude an sich ist ein architektonisches Meisterwerk. Auf verschiedenen Stockwerken werden Dokumente und Artefakte zur historischen Entwicklung Chinas und Südostasiens präsentiert. Porzellan, Schmuck, Möbel, Kleidung und Stickereien dokumentieren das Leben und den Lebensstil der wohlhabenden Oberschicht und deren Entwicklung im Laufe der Jahrzehnte. Ebenso kann man in zahlreichen Schaukästen die Wandlung der Stadt vom einstigen Piratennest zur modernen Metropole verfolgen.

Weitere Informationen:	*nationalmuseum.sg*
Öffnungszeiten:	täglich 10 - 18 Uhr
Eintritt:	ca. 10 S$

Singapore City Gallery

Wer sich für die bauliche Entwicklung in all seinen Phasen interessiert, sollte sich unbedingt die *City Gallery* ansehen. Neben großen Modellen wird ebenso eine Multivisionsshow gezeigt. Des Weiteren werden Projekte für das nächste Jahrzehnt vorgestellt. Die interessante Galerie befindet sich in der *Maxwell Road.*

Weitere Informationen	*ura.gov.sg/uol/citygallery*
Öffnungszeiten:	Montag - Samstag 9 - 17 Uhr
Eintritt:	frei

National Gallery

Die *National Gallery* ist in einem historischen Gebäude der *St. Andrews Road,* gegenüber dem *Pedang* (Cricket-Spielfeld) untergebracht. Das ehemalige imposante Rathaus und spätere Gerichtsgebäude ist schon von Weitem sehr auffällig. Es wurde erst Ende 2015 als Nationalgalerie eröffnet. Neben Gemälden aus ganz unterschiedlichen Epochen - vornehmlich aus Asien - schwebt auch noch der Geist der damaligen Justiz in der Luft. So kann man auch ganz alte Gerichtsakten dort finden. Wer sich für Gemälde oder grundsätzlich für moderne Kunst interessiert, sollte viel Zeit mitbringen.

Weitere Informationen:	*nationalgallery.sg*
Öffnungszeiten:	Sonntag - Donnerstag 10 - 19 Uhr
	Freitag und Samstag 10 - 22 Uhr

Singapore Art Museum (Kunstmuseum)

Ganz in der Nähe des *National Museum* befindet sich dieses schöne Kunstmuseum, das seinen Platz in der ersten katholischen Knabenschule Singapurs (1855) gefunden hat. Es präsentiert die größte Sammlung moderner und zeitgenössischer ostasiatischer Kunst. In den letzten Jahren hat man begonnen, auch internationale Künstler auszustellen. Hier lohnt sich ein mehrstündiger Aufenthalt.

Weitere Informationen:	*singaporeartmuseum.sg*
Öffnungszeiten:	täglich 10 - 19 Uhr
Eintritt:	10 S$

Orchard Road

Die *Orchard Road,* vergleichbar mit dem Kurfürstendamm in Berlin, zieht jeden Tag Einheimische wie Besucher magisch an. Der Name wurde durch den Baumbewuchs (z. B. Muskatnussbäume) rechts und links der Straße her abgeleitet. Leider findet man diese heute kaum noch im Straßenbild. Die Prachtstraße ist 2,2 km lang, gesäumt von den schönsten Einkaufszentren, Boutiquen, Designergeschäften, Restaurants, Hotels und Nachtclubs. Am südlichen Ende liegt der *Istana* (Palast), die Residenz des Staatspräsidenten. 1869 wurde dieses stattliche Gebäude durch die englische Kolonialmacht errichtet. Das historische Gebäude kann nicht besichtigt werden.

Gardens by the Bay

Die ganze Flora und Fauna der Welt unter einem Dach.

Dass Singapur eine sehr grüne Stadt ist, kann man schon an den vielen gepflegten Parks und Grünanlagen erkennen. Ein weiteres imposantes »Denkmal« hat sich die Stadt mit der Erschaffung des *Gardens by the Bay* selbst gesetzt. Diese einmalige künstlich angelegte Anlage erstreckt sich auf 101 Hektar rund um eine ebenfalls künstlich angelegte Bucht, die sich aus den drei zusammenhängenden Gärten »Bay South«, »Bay East« und »Bay Central« zusammensetzt.

Bunt geht es im *Flower Dome* zu. In diesem überdimensionalen »Gewächshaus« mit mediterranem Klima (kühl und trocken) finden sich Pflanzenarten aus dem Mittelmeerraum, aus Südwest-Australien, Südafrika und Zentral-Chile - so wachsen und gedeihen hier auch Olivenbäume und Dattelpalmen. Im *Heritage Garden* ist man den Wurzeln der vielfältigen Geschichte und Kultur Singapurs auf der Spur und erlebt sie durch die Pflanzenwelt in den Gärten *Colonial Garden, Chinese Garden, Malay Garden* und *Indian Garden.*

Vervollständigt wird die einmalige Pflanzenoase durch den See *Dragonfly,* schöne Pavillons, weite offene Rasenflächen, blühende Sträucher und eine zwei Kilometer lange Uferpromenade, von der man eine atemberaubende Aussicht auf die Skyline des *Marina Reservoirs* hat. Die Bepflanzungen werden den entsprechenden Jahreszeiten natürlich angepasst. Auf diese Weise gibt es immer wieder etwas Neues zu entdecken.

Der *Gardens by the Bay* konnte schon zahlreiche internationale Auszeichnungen und einen Eintrag in das Guinnessbuch verbuchen, jedoch ruht man sich auf den Lorbeeren bei Weitem nicht aus. Weitere Projekte und Vergrößerungen sind in Planung. Die Anlagen - hier wird man selbstverständlich auch kulinarisch versorgt - sind besonders an den Wochenenden sehr stark besucht. Nur für einen groben Überblick müssen Sie schon mindestens einen ganzen Tag einplanen.

Riesige Wasserfälle und Fußgängerbrücken, auf denen Sie in schwindelerregender Höhe die einmalige Flora und Fauna bewundern können, machen den Besuch besonders attraktiv. Empfehlenswert ist der Besuch an einem Werktag. Ein Souvenirshop darf natürlich nicht fehlen. Warum es hier eine McDonalds-Filiale gibt, erschließt sich nicht. Nichtsdestotrotz können Sie in zehn verschiedenen Outlets kulinarische Höhepunkte erleben.

Die Super-Bäume (SuperTrees)

Ein weiteres Highlight sind die *SuperTrees*, wie sie in Singapur genannt werden. 18 der zwischen 25 und 50 Meter hohen künstlich an Stahlgerüsten errichteten Bäume stehen innerhalb des Gartens *South Bay*. Sie dienen nicht nur der Aufzucht seltener Pflanzen, sondern liefern mittels der integrierten Fotovoltaik auch Strom für Beleuchtung und Kühlsysteme. Schon bei Tage sind sie imposant, aber nach Einbruch der Dunkelheit entfalten sie dank großzügiger Beleuchtung eine wunderbare Stimmung.

Weitere Informationen:	*gardensbythebay.com.sg*
Öffnungszeiten:	täglich 9 - 19 Uhr
Eintritt:	ca. 30 S$

Flyer (Riesenrad)

Das mit 165 m Höhe zweitgrößte Riesenrad der Welt wurde Anfang 2008 eröffnet. Eine Umdrehung dauert etwa 30 Minuten. Wir empfehlen die *Premium-Champagner-Fahrt* in den Abendstunden. Sie bietet einen atemberaubenden Blick auf die Skyline. Natürlich können Sie auch Ihre ganz private Gondel buchen. Auch tagsüber ist eine Fahrt durchaus spektakulär. Zur Reservierung kontaktieren Sie am besten die Rezeption Ihres Hotels.

Weitere Informationen:	*singaporeflyer.com*
Öffnungszeiten:	täglich 8:30 - 22:30 Uhr

Formel 1

Seit September 2008 findet dieses Großereignis nun auch im Tigerstaat statt, weshalb Fluggesellschaften und Hotels in dieser Zeit die Preise erhöhen. Allerdings wird hier weltweit das einzige Nachtrennen der Formel 1 ausgefahren. Die Rennstrecke verläuft mitten durch die Innenstadt, zu großen Teilen auf öffentlichen Straßen. Einmal rund um den *Padang* führt die fünf Kilometer lange Rennstrecke, vorbei an der *Victoria Hall* und der *National Art Gallery* bis zum *Flyer* (Riesenrad) und der *Waterfront*. Anlässlich dieses Spektakels treten auch international bekannte Stars der Musikszene auf.

Weitere Informationen:	*singaporegp.sg*

Ab auf die Inseln

Insgesamt 94 vorgelagerte Inseln gehören heute zu Singapur. Die wohl bekannteste ist Sentosa Island. Aber auch Kusu und Pulau Ubin sind äußerst beliebte Ausflugsziele.

Kusu Island

Erwähnt wurde die kleine, grün bewachsene Insel schon im März 1616 von Jose De Silva. Seine spanische Flotte versank nämlich hier an den Riffen. 1822 errichtete man schließlich einen Leuchtturm, um die vorbeifahrenden Schiffe vor den Gefahrenstellen zu warnen. Ende der 70er Jahre wurde die kleine Insel durch Landaufschüttung vergrößert und ist heute an die 85.000 Quadratmeter groß. Kusu befindet sich ca. 5,6 km von der Hauptinsel Singapur entfernt und wird mehrfach täglich mit einer Fähre bedient. Besonders an den Wochenenden ist Kusu sehr stark frequentiert. Werktags kann man an den schönen Stränden, auch hier gibt es eine blaue Lagune, hervorragend schwimmen und sich entspannen.

Der Legende nach verwandelte sich eine magische Schildkröte in eine Insel, um zwei schiffbrüchige Matrosen zu retten. Einer war Chinese und der andere Malaie. Im neunten Monat des Mondkalenders kommen tausende Pilger auf die Insel, um für Gesundheit, Frieden, Glück und Wohlstand zu beten. Hier befinden sich auch der berühmte chinesische *Da-Bo-Gong-Tempel* und drei malaiische Schreine.

Pulau Ubin

Kontrastreicher könnte eine Insel kaum sein. Genau genommen besteht Pulau Ubin aus vier Inseln, die heute jedoch durch Brücken miteinander verbunden sind. Es scheint eine Insel für Touristen zu sein – das jedenfalls glaubt man bei der Ankunft mit der Fähre, die rund um die Uhr in Betrieb ist. Hier können Sie Fahrräder ausleihen, um die Gegend zu erkunden. Die eigentliche Schönheit und das Ursprüngliche entdeckt man nämlich erst später, wenn man sich direkt in den Dschungel begibt. Flora und Fauna sind einmalig, fast unberührt, könnte man meinen. Hier stehen auch die majestätisch anmutenden *Durianbäume*. Kleine Welldachhäuschen verstecken sich zwischen den Palmen und Büschen. Die Zeit scheint wirklich stehen geblieben zu sein. Mitunter glaubt man, gar nicht mehr in Singapur zu sein. Hier siedeln auch exotische Nashornvögel, die man in der Stadt nur noch im Zoo bewundern kann. Die umherstreifenden Wildschweine haben sich zwar schon längst an den Menschen gewöhnt, es empfiehlt sich allerdings ein gewisser Sicherheitsabstand.

Pulau Ubin ist allerdings keine Museumsinsel. Hier leben Menschen, die ihren bescheidenen Wohlstand primär der Landwirtschaft verdanken. Kleinere Tempel und Schreine dürfen natürlich nicht fehlen. Der Name Pulau Ubin leitet sich vom Malaiischen ab und bedeutet soviel wie »Granitinsel«. Die Steinbrüche sind heute noch erkennbar. Hier gab es auch einige Kautschukplantagen.

Für diesen sehr schönen Ausflug sollte man sich allerdings etwas vorbereiten: Die Abfahrt mit der Fähre erfolgt vom *Changi Point Ferry Terminal*. Die relativ einfachen Boote fahren erst dann ab, wenn sie voll besetzt sind. Daher gibt es keinen wirklichen Fahrplan. Empfehlenswerte Ausrüstung: festes Schuhwerk, Insektenschutz und Wasser. Um die Insel wirklich genießen zu können, sollten Sie ruhig einen vollen Tag einplanen.

Sentosa

Die 5 km^2 große Insel diente den Briten bis 1967 als Militärbasis. Heute ist die durch Landgewinnung bekannte Insel ein beliebtes Freizeitparadies für die ganze Familie. Neben 15 Hotels (u.a. Amara Sanctuary Resort, Beach Villas, Capella Hotel, Hard Rock Hotel, Hotel Michael, Mövenpick Heritage Hotel, W Singapore) findet man im Süden Sentosas auch traumhaft angelegte Strände. Selbstverständlich gibt es hier auch einen großen Yachthafen. Hier ein kurzer Auszug aus den Angeboten:

Tiger Sky Tower

Eine scheibenförmige Kabine dreht sich langsam um den Turm in einer Höhe bis 110 Meter. Von hier hat man einen Panoramablick nach Malaysia auf der einen und Indonesien auf der anderen Seite.

Weitere Informationen:	*skytower.com.sg*
Öffnungszeiten:	täglich 10 – 21 Uhr

Sentosa 4D magix

Gilt als eines der ersten 4D-Kinos in Asien mit einem spektakulären Piratenfilm für die ganze Familie.

Öffnungszeiten:	täglich 10 – 21 Uhr

Underwater World

Hier kann man mit Delfinen mal ordentlich baden gehen. Wer es etwas abenteuerlicher braucht, der bucht einen »Schwimmkurs« mit den Haien. Da die Kapazitäten bei diesem Angebot besonders am Wochenende stark begrenzt sind, sollte man diesen ungewöhnlichen Ausflug rechtzeitig buchen.

Weitere Informationen:	*underwaterworld.com.sg*

Neben einem Schmetterlingspark finden Sie hier ebenso Madame Tussauds, die Universal Studios und einen Golfplatz. Die Freizeitinsel ist besonders an Wochenenden und Feiertagen sehr stark frequentiert.

Weitere Informationen:	*sentosa.com.sg*

Marina Bay Sands

Ein Hotelkomplex der Superlative

Eines der neuesten Wahrzeichen der Gegenwart ist mit Sicherheit das imposante *Marina Bay Sands*. Wenngleich das Hotel für unser Motto *Travel in Style* aus verschiedenen Gründen nicht infrage kommt, so bietet das Areal doch einige Besonderheiten: Das Gebäude besteht aus drei Hoteltürmen mit jeweils 55 Stockwerken. Die Türme sind auf einer Höhe von 191 Metern durch eine Dachterrasse, den sogenannten *Sky Park*, verbunden. Hier befindet sich der wohl bekannteste Swimmingpool der Welt. Die 1,2 Hektar umfassende Fläche offeriert aber nicht nur den 146 Meter großen Pool, sondern auch einen baumbestandenen Garten, der sage und schreibe 3.900 Menschen Platz bietet! Besonders beliebt ist der Komplex bei chinesischen Besuchern. Das eigentliche Hotel hat 2.561 Zimmer. Ein Casino mit mehr als 600 Tischen zieht besonders Touristen aus allen Teilen Asien an. Neben einem großen Konferenz- und Ausstellungszentrum darf im Untergeschoss die obligatorische Mall nicht fehlen. In der großen Konzerthalle trat 2015 sogar Superstar Madonna auf. Etwas vorgelagert findet man eine »Orchideenblüte« mitten im Wasser, die Abends sehr toll beleuchtet wird. Hier ist das *Art Science Museum* untergebracht.

Weitere Informationen: *marinabaysands.com*

Singapur Fluss (Singapore River)

Falls man im *Mandarin Oriental* oder dem *Conrad Hotel* wohnt, hat man je nach Lage einen wunderbaren Blick auf ein Gewässer, das wie ein See anmutet. Hier handelt es sich jedoch um einen Teil des Singapur Flusses, der sich äußerst harmonisch in das Gesamtbild einfügt. Umgeben von einigen Kolonialgebäuden auf einer Seite, sieht man auf der gegenüberliegenden Seite das wohl größte Hotel der Stadt, das *Marina Bay Sands*.

Eine Bootsfahrt, egal zu welcher Tageszeit, ist immer ein Erlebnis. *Singapore River Cruise* bietet diesen Service bereits seit 1987 an. Als Ausgangspunkt empfiehlt sich der Steg am *Fullerton Hotel*. Die Rundfahrten dauern zwischen 40 und 60 Minuten.

Weitere Informationen:	*rivercruise.com.sg*
Zeiten:	täglich 9 - 23 Uhr
Preis:	ca. 17 - 22 S$

Ein unvergesslicher Spaziergang

Wer z.B. im *Mandarin Oriental, Raffles* oder *Conrad Hotel* wohnt, dem empfiehlt sich ein wunderbarer Spaziergang um den Singapur Fluss (Singapore River). Besonders in den frühen Morgenstunden oder am Abend ist dieser Rundgang ein wahres Erlebnis. Als Orientierungshilfe hat man immer das *Marina Bay Sands* vor Augen, überquert eine der Brücken und erreicht schließlich die Shopping Mall, in der man sich etwas abkühlen kann. Die weitere Strecke führt entlang des Flusses, bis man am *Fullerton Hotel* ankommt. Die Lobby des historischen Gebäudes lädt zu einer Erfrischung. Später setzt man seinen Rundgang direkt am Wasser fort. Hier findet man zahlreiche wunderbare Restaurants, die jedoch erst am Abend öffnen. Dieser interessante und informative Spaziergang dauert - je nachdem, wie viele Pausen man einlegt - zwischen ein und zwei Stunden.

Bootsausflüge

Der Inselstaat ist ein perfekte Ausgangsort für Ausflüge mit einer schicken Yacht. Der Anbieter *Grand Cruise* hat äußerst interessante Angebote. Entweder Sie lassen sich zu einigen der hier genannten Inseln fahren und erkunden sie ganz individuell, oder sie lassen sich Ihren Ausflug durch die Mitarbeiter organisieren. Sonderwünsche, wie zum Beispiel Champagner & Kaviar, werden natürlich berücksichtigt. Schließlich sind Sie der Auftraggeber. Sie können unter veschiedenen modernen Yachten wählen.

Grand Cruise	
Telefon:	(+65) 65 66 04 88
Website:	*grandcruise.com.sg*

Wer es lieber traditioneller mag, ist bei *Singapore River Cruise* bestens aufgehoben. Die Boote sind dann allerdings für bis zu 45 Passagiere ausgelegt. Selbstverständlich können Sie aber auch ein Boot für die romantische Fahrt zu zweit chartern.

Singapore River Cruise	1 North Bridge Road 15-06 High Street Centre Singapore 179094
Telefon:	(+65) 63 36 61 11
Website:	*rivercruise.com.sg*

Helikopter-Ausflüge

Absolut *Travel in Style* – hoch über der Stadt, vorbei an den Wolkenkratzern, dem *Marina Bay Sands* & Sentosa Island geht es in alle Ecken der Metropole. Der aufregende Helikopterflug dauert etwa 45 Minuten und ist für bis zu vier Personen möglich.

Weitere Informationen:	*singaporeheliservices.com.sg*

Shopping

Zu Recht gilt Singapur als Shopping-Mekka – aber Shopping ist nicht nur eine Lieblingsbeschäftigung der Bewohner.

Die bekannteste Einkaufsstraße ist zweifelsfrei die *Orchard Road* mit ihren futuristischen Shopping-Centern und großen Marken-Outlets. Mehr als 30 Einkaufszentren und tausende Einzelhändler in der Prachtstraße ziehen tagtäglich nicht nur die Einwohner der Stadt magisch an. Jeder international bekannte Designer hat hier mindestens ein Geschäft. Auch an fast jedes größere Hotel ist eine Mall angegliedert. Die Preise der auch bei uns bekannten internationalen Designer sind jedoch durchaus höher als bei uns. Günstiger wird es zum *Sale* (*Great Singapore Sale*, Ende Mai bis Ende Juli). Dann sinken die Preise schon mal um bis zu 70%. Definitiv günstiger als hierzulande sind die bekanntesten Marken für hochwertige Uhren, oftmals sind sie sogar günstiger als in ihrem Heimatland. Einige Geschäfte werben auch mit *Tax Free*. Hierzu müssen Sie die Einkaufsbelege aufheben. Die Steuererstattung erfolgt bei der Aus- bzw. Weiterreise auf dem Flughafen. Alle gängigen Kreditkarten werden akzeptiert. Auch kulinarisch kommen Sie auf Ihre Kosten. Die Einkaufstempel sind täglich von 10 bis 22 Uhr geöffnet. *ION Orchard* ist wohl der bekannteste mit den meisten Designer-Geschäften. Wussten Sie eigentlich, dass der kleine Staat mittlerweie auch ein *Fashion Hub* ist? Modemacher aus Singapur haben sich längst international einen Namen gemacht. Wenn Sie im April anreisen, können Sie die neuesten Trends der lokalen Designer auf den *Fashion Steps Out Shows* bewundern. Wer maßgeschneiderte Kleidung bevorzugt, sollte zuerst in der *Serangoon Road* und den Seitengassen in *Little India* nach Stoffen Ausschau halten. Unter der Marke *7 Eleven* gibt es überall in der Stadt Supermärkte, die 24 Stunden geöffnet haben.

Souvenirs

Hochwertige Andenken bekommt man in den Hotelshops oder auf den Streifzügen durch die verschiedenen Stadtteile. Ginseng kann man günstig in den Apotheken in Chinatown kaufen.

Buchen von Ausflügen

Ausflüge vor Ort buchen Sie am besten bei einem renommierten Veranstalter. Der Eigentümer von *Travel Central,* Mr. David Lee, kennt den deutschen Markt seit einigen Jahrzehnten und hat sich auf anspruchsvolle Reisende spezialisiert. Daher können Sie alle hier aufgeführten Ausflüge unkompliziert bei diesem Veranstalter buchen. Aber nicht nur das: Sie wollen eine Stadtrundfahrt in einer Luxuslimousine unternehmen oder mit einer Harley-Davidson durch die Straßenschluchten cruisen? Ein Anruf genügt.

Travel Central ist auch eine gute Adresse für Hotelbuchungen – und nicht nur, weil man hier die günstigsten Hotelraten bekommt.

Travel Central	38 Lor 30 Geylang 08-35 Guillemard Edge Singapur 398371
Telefon:	(+65) 98 21 91 91
Website:	*travelcentralsg.com*

Fine Dining

In keiner anderen Stadt in Asien finden Sie so viele Fine Dining-Restaurants wie hier.

Neben dem Einkaufen gehört der Besuch eines guten Restaurants zu den Lieblingsbeschäftigungen der Einwohner. Deshalb werden Sie unabhängig davon, ob Sie als Tourist oder geschäftlich in der Stadt weilen, immer wieder die Frage hören, ob Sie schon gegessen haben. Bei fast 20.000 Restaurants ist die Auswahl etwas unübersichtlich, und gerade beim Fine Dining ist es in einer Metropole schwer, Empfehlungen auszusprechen, weil es immer wieder Neueröffnungen und Schließungen gibt. Wir haben daher Restaurants besucht, die schon längerer einen guten Ruf haben.

Jim Thompson	45 Minden Road, Dempsey Hill
Telefon:	(+65) 64 75 60 88
Website:	*jimthompson.com*

Jim Thompson verfügt gleich über einige Fine Dining-Restaurants in der Stadt. In *Dempsey Hill* finden Sie ein exquisites Fine Dining, das thailändische Küche auf höchstem Niveau anbietet. Neben erlesenen Weinen werden ebenso hochwertige Champagner angeboten.

Öffnungszeiten:	Montag bis Samstag 12 - 15 / 18 - 24 Uhr Sonntag 12 - 15 und 18 - 23 Uhr

---

White Rabbit	39C Harding Road
Website:	*thewhiterabbit.com.sg*

Fine Dining at its best. Mit zahlreichen Gourmet-Auszeichnungen bedacht, eröffnete dieses Restaurant bereits im Jahre 2008. Wenn sich hier schon lokale Minister förmlich die Klinke in die Hand geben, kann es nicht verwundern, dass auch schon die deutsche Bundeskanzlerin Angela Merkel hier dinierte. Französische Küche auf allerhöchstem Niveau! Als Restaurant ist das Gebäude übrigens von außen nicht unbedingt zu erkennen, da es früher eine Kirche beherbergte, in der regelmäßig Gottesdienste abgehalten wurden.

Öffnungszeiten:	werktags 12 - 14:30 / 18:30 - 22:30 Uhr wochenends 10:30 - 15 / 18:30 - 22:30 Uhr Montag Ruhetag

---

Cherry Garden	5 Raffles Avenue, Marina Square
Telefon:	(+65) 63 38 00 66
Website:	*mandarinoriental.de/singapore*

Das *Cherry Garden* ist wohl das beste Fine Dining-Restaurant im *Mandarin Oriental Hotel* mit seiner verführerischen kantonesischen Küche. Jedoch wird es auch von vielen Bewohnern der Stadt besucht. Reservierungen für das Dinner sind daher auf jeden Fall zu empfehlen. Der Service ist sehr aufmerksam, die Speisen sind raffiniert und sehr kreativ zubereitet. Äußerst beliebt ist der Brunch an den Wochenenden und Feiertagen. Dann ist es so richtig voll. Ohne Reservierung finden Sie keinen Platz mehr (siehe auch S. 77).

Öffnungszeiten:	werktags 12 - 14:30 / 18:30 - 22:30 Uhr Samstag, Sonntag und an Feiertagen: 1. Einlass 11 - 13 Uhr 2. Einlass 13:30 - 15:30 Uhr

---

Wild Rocket	10A Upper Wilkie Road, Hang Out Hotel
Telefon:	(+65) 39 94 48
Website:	*wildrocket.com.sg*

Das *Wild Rocket* gilt als absoluter Geheimtipp und ist bei den Feinschmeckern der Stadt bekannt. Zugegeben: In einem Budget-Hotel wird wohl kein Gourmet ein Fine Dining-Restaurant vermuten, und auch das einfache Interior Design lässt wirklich keine Rückschlüsse auf die Speisen aufkommen. Die Speisekarte ist zwar relativ übersichtlich und wird gelegentlich angepasst, aber der Aha-Effekt stellt sich sofort nach der Vorspeise ein. Willin Low, von Hause aus Jurist, ist mit äußerst kreativen Kochkünsten ebenso bewandert wie mit Paragrafen. Wie sonst sollte es sein Restaurant - und speziell seine Kreationen - mit Platz 38 unter die besten 50 Restaurants in ganz Asien geschafft haben? Von der Vorspeise über den Hauptgang bis zum Dessert eröffnen sich lukullische Freuden. Da das Restaurant nur 56 Gästen Platz bietet, sollte man für ein Wochenend-Dinner unbedingt reservieren!

Writers Bar	Raffles Hotel 1 Beach Road
Telefon:	(+65) 63 37 18 86
Website:	*raffles.com/singapore*

Wundert es Sie, dass sich eines der besten Fine Dining-Restaurants ausgerechnet im *Raffles Hotel* befindet? Eigentlich nicht, oder? Gleich neben der Lobby liegt die *Writers Bar*, die entgegen ihres Namens tatsächlich ein Restaurant ist. Die Speisekarte bietet Spezialitäten, die mit Liebe zum Detail zubereitet werden; selbst für Vegetarier gibt es hier die feinsten Kreationen. Der ausgezeichnete Service trägt dazu bei, dass sich hier speziell zum Dinner das *Who is who* der Stadt einfindet.

Öffnungszeiten:	täglich 11 - 22 Uhr

Stellar	One Raffles Place Level 62
Telefon:	(+65) 64 38 04 10
Website	*1-altitude.com*

Eigentlich unbeschreiblich ist es, das beste Fine Dining-Restaurant hoch über den Dächern der Millionenmetropole im 62. Stock des Raffles Place Hochhauses. Was Starkoch Christopher Millar täglich zaubert, grenzt an Magie. Die Kompositionen aus Geschick, Können und Raffinesse sind so überzeugend, dass man hier am liebsten täglich dinieren möchte. Sie werden Gaumenhochgenüsse erleben, die Sie vorher nicht kannten. Und als Beilage bekommen Sie noch einen fantastischen Blick über die Stadt gratis dazu.

Öffnungszeiten:	werktags 12 - 14 und 18:30 - 22 Uhr Samstag 18 - 22 Uhr Sonntag 18 - 21 Uhr

Nachtleben

Dance the night away!

Das aufregende Nachtleben kann sich mit dem internationaler Metropolen durchaus vergleichen, denn es bietet so manchen Superlativ. Es gibt viele Plätze, die man unbedingt besuchen sollte - sei es auf den höchsten Dächern der Stadt oder seien es kleine, verschwiegene Hotelbars. Wir stellen hier die renommiertesten Locations vor, die sich schon vor längerer Zeit etabliert haben.

City Space	Swissôtel The Stamford 2 Stamford Road Singapore 178882
Telefon:	(+65) 68 37 33 22

Das *City Space* im *Swissôtel The Stamford* (es gibt zwei Swissôtels in der Stadt) zählt laut Aussage der Redaktion der Sunday Times zu den besten 50 Bars in der Welt. Bei nur 50 Plätzen genießt man hier ein sehr intimes Ambiente, das freitags und samstags sogar noch mit dezenter Livemusik untermalt wird.

Öffnungszeiten:	Sonntag bis Donnerstag 17 - 1 Uhr Freitag und Samstag 15 - 7 Uhr

New Asia Bar	Swissôtel The Stamford (s.o.)
Telefon:	(+65) 91 77 73 07

Die *New Asia Bar* befindet sich im 71. Stock des *Swissôtel The Stamford* und bietet einen atemberaubenden Blick über die Stadt. Hier finden bis zu 300 Tanzfreudige aller Altersgruppen Platz.

Öffnungszeiten:	Dienstag 19 - 1 Uhr Mittwoch und Donnerstag 19 - 2 Uhr Freitag und Samstag 19 - 3 Uhr Sonntag 14 - 1 Uhr

SuperTree by IndoChine	Gardens by the Sea
Telefon:	(+65) 66 94 84 89
Website:	*indochine-group.com*

Der Name verrät es bereits: Diese äußerst ungewöhnliche Rooftop-Bar wurde in einem der größten Bäume beim *Gardens by the Bay* eingerichtet. Hier hat man einen fantastischen Blick über den Singapur Fluss, auf das Riesenrad sowie zum *Marina Sand Bay* Hotel. Bei flotter Musik kann man hier natürlich auch sehr gut speisen.

Öffnungszeiten:	Sonntag bis Donnerstag 10 – 1 Uhr Freitag und Samstag 10 – 2 Uhr

---

1 Altitude	One Raffles Place, Rooftop Singapore 048616
Telefon:	(+65) 64 38 04 10
Website:	*1-altitude.com*

Eigentümer Joseph Ong wollte schon immer hoch hinaus. So war er von dieser Location sofort überzeugt und katapultierte das *1 Altitude* im wahrsten Sinne des Wortes nach aufwendigen Umbauarbeiten binnen kürzester Zeit an die erste Stelle der besten Rooftop-Bars in Singapur. Es ist nicht nur die höchste Open-Air-Bar in Singapur, sondern sogar in ganz Asien, wenn nicht sogar in der ganzen Welt. Im 63. Stock des Raffles-Place-Hochhauses wurde auch schon ein bekannter deutscher Fußballverein gesichtet. In luftiger Höhe werden neben neuen Hits auch coole Drinks serviert, bei bestem Ausblick bis nach Malaysia und Indonesien. Gut besucht ist es schon zu den Sonnenuntergängen.

Öffnungszeiten:	Sonntag bis Dienstag 18 – 2 Uhr Mittwoch 18 – 4 Uhr Donnerstag 18 – 3 Uhr Freitag, Samstag 18 – 4 Uhr

Hotels

Das Angebot an Luxushotels ist so vielseitig wie die Stadt an sich. Wir haben uns daher für ganz unterschiedliche Hotels entschieden, die besonders durch ihre Serviceleistungen überzeugen konnten. Weitergehende Informationen über die hier vorgestellten Häuser finden Sie auf den jeweiligen Websites. Die Hotels können direkt oder über einen Agenten gebucht werden, der mitunter etwas bessere Raten anbieten kann. Alle hier vorgestellten Hotels verfügen natürlich über WiFi. Einige der exklusiven Herbergen bieten sogar einen Butlerservice an, der auf Ihre Sonderwünsche, Restaurantreservierungen und vieles mehr eingeht.

RAFFLES
SINGAPORE

MANDARIN ORIENTAL
SINGAPORE

Shangri-La hotel
SINGAPORE

CONRAD
CENTENNIAL
SINGAPORE

the Scarlet
SINGAPORE

RAFFLES
SINGAPORE

RAFFLES HOTEL
RAFFL

HOTEL

Raffles Hotel	1 Beach Road Singapore 189673
Telefon:	(+65) 63 37 18 86 oder 0800 1 72 33 537 (gebührenfrei)
Website:	*raffles.com/singapore*

Für Gäste, die mit dem *Eastern & Oriental Express* an- bzw. von hier abreisen, empfiehlt es sich, im *Raffles* zu residieren, da sie am Abfahrtstag des Luxuszuges bereits im Hotel einchecken können. Vom Flughafen aus erreichen Sie das Hotel in ca. 25 Minuten.

Das *Raffles Hotel Singapur* zählt weltweit zu den wohl bekanntesten Hotels. Das 1887 eröffnete Haus konnte im Laufe der Jahre unzählige internationale Auszeichnungen einheimsen. Von den illustren Gästen ganz zu schweigen: Hier residieren nicht nur namhafte Autoren, die die besondere Atmosphäre zur Niederschrift ihrer Bücher nutzten, sondern auch Mitglieder des europäischen und asiatischen Hochadels, Staatsmänner und international bekannte Politiker, Wirtschaftsbosse, Hollywoodstars und weltweit bekannte Musiker. In der hauseigenen Hall of Fame ist alles versammelt, was Rang und Namen besitzt.

Das Hauptgebäude ist mehr oder weniger noch im Originalzustand erhalten. Hier gab es 1887 die ersten zehn Zimmer im Bungalow-Stil. Im Laufe der weit über hundertjährigen Geschichte des ersten Luxushotels der Stadt hat sich sehr viel verändert. Viele weitere Gebäude wurden errichtet und fügen sich heute äußerst harmonisch in das Gesamtgebilde ein. Bereits beim Betreten der Lobby fühlt man sich in die Kolonialzeit versetzt; ab jetzt müssen Sie sich wirklich um nichts mehr kümmern. Eben typisch *Travel in Style*. Sie werden durch einen Mitarbeiter in Empfang genommen und später auf Ihr »Zimmer« bzw. Ihre Suite begleitet. Ein Butler wird Ihnen nicht nur beim Auspacken der Koffer behilflich sein, sondern erklärt Ihnen auch die Besonderheiten des Hotels und der Zimmer bzw. Suiten. Dass auch in den »Standardzimmern« ein Butlerservice 24 Stunden zur Verfügung steht, gehört zum guten Ton. Die Wohneinheiten sind im Kolonialstil eingerichtet, mit teuren Orientteppichen auf Teakholzfußböden und ausgesuchten Antiquitäten ausgestattet. In den großen Marmorbadezimmern stehen exklusive Designerprodukte bereit. Hier sind Sie nicht nur eine anonyme Zimmernummer, sondern werden mit Namen angesprochen und ganz

Raffles Lobby (oben)

Raffles Courtyard Suite (unten)

individuell umsorgt. Wenn man sich das allererste Mal im *Raffles* befindet, kann man sich in dem prächtigen Hotel leicht verlaufen. Mitarbeiter stehen jedoch überall bereit, um den Gästen den richtigen Weg zu weisen.

Swimmingpool

Das ist Service vom Feinsten: Sie suchen sich eine Liege aus, und die Mitarbeiter richten sie nach Ihren Wünschen her. Erfrischungen und Snacks werden natürlich auch gereicht. Obwohl sich das Hotel mitten in der Megametropole befindet, ist hier eine wahre Ruheoase. Der ideale Ort, um zu entschleunigen und die Seele baumeln zu lassen.

Öffnungszeiten: täglich 6 - 21 Uhr

Spa

Auch der Wellnessbereich hat - wie das Hotel - schon zahllose renommierte Auszeichnungen erhalten. Das *Raffles Spa* ist eine einladende Oase der Entspannung und bietet exklusive Revitalisierungsbehandlungen, die auf asiatischen und europäischen Traditionen beruhen. Es stehen sieben zur Entspannung einladende Behandlungsräume bereit, darunter eine VIP-Suite für Gäste, die gemeinsam entspannen möchten. In der luxuriösen VIP-Suite werden alle Behandlungen angeboten. Sie verfügt über einen Jacuzzi, eine Dampfdusche und einen komfortablen, ruhigen Lounge-Bereich, der Ihnen zum Rückzug offen steht. Hier können Sie sich nach der anstrengenden Anreise wieder optimal in Form bringen lassen. Geöffnet exklusiv für Hotelgäste!

Öffnungszeiten: täglich 10 - 21 Uhr

Kulinarisches

Sieben Restaurants und Bars bieten neben der einzigartigen Atmosphäre kulinarische Höchstgenüsse. Hier wird das Beste, was die lokale Kultur und Küche zu bieten hat, mit Gerichten aus aller Welt zu unvergesslichen lukullischen Sinfonien komponiert, die Sie so schnell nicht vergessen werden.

Bar and Billard Room
Früher »nur« ein Billardzimmer, werden heute hier 400 handverlesene Whiskys, viele von ihnen limitierte Editionen, serviert. Sonntags wird ein großzügiger Brunch mit Champagner und Tranchierstation angeboten.

Raffles Grill
Hier können Sie zwischen erstklassigen Gerichten aus der klassischen, aber auch der zeitgenössischen französischen Küche wählen.

Tiffin Room
Sowohl das Curry-Buffet wie auch der berühmte klassische *Afternoon Tea* ist bei Touristen, Hotelgästen und den Einwohnern Singapurs gleichermaßen beliebt.

Long Bar Steakhouse
Erstklassiges gegrilltes australisches und US-amerikanisches Rindfleisch, qualitativ hochwertige Meeresfrüchte und eine vielversprechende Auswahl von kalten und warmen Vorspeisen stehen hier auf der Karte.

Der renommierte **Butlerservice** ist eines der Aushängeschilder des *Raffles*. Ganz gleich, ob die Abendgarderobe wieder in Form gebracht werden oder die Krawatte neu gebunden werden soll – mit einem Tastendruck am Telefon sind Sie direkt mit dem Butler verbunden. Dass er für Sie auch Reservierungen in den Restaurants der Stadt oder dem Hotel vor-

nimmt, ist selbstverständlich. Sie möchten mit einer Limousine in die Stadt fahren oder eine professionell erklärte historische Tour im *Raffles* unternehmen? Anruf genügt! Auch zur Abreise ist der Butler für Sie da. Taxibestellungen und Koffertransport werden optimal organisiert. So, wie Sie es vom *Raffles* erwarten dürfen.

Raffles Courtyard

Das Abendessen im Freien unter schwingenden Palmen und anderen üppigen tropischen Pflanzen ist ein Genuss, der durch die hervorragende mediterrane Küche zu einem unvergesslichen Erlebnis wird.

Long Bar

Hier ist die Geburtsstätte des weltberühmten *Singapore Sling*. Natürlich gibt es auch jedes nur denkbare alkoholische und nicht-alkoholische Getränk. In der *Long Bar* werden traditionelle Spezialitäten als Snack oder vollständiges Gericht serviert. Und hier wird auch eine schöne alte Tradition gepflegt: Erdnussschalen dürfen Sie auf den Boden werfen!

Writers Bar

Diese Bar in der Hotellobby gedenkt all jener Schriftsteller, die in dem Hotel verweilt oder über das Hotel geschrieben haben. (Siehe auch die Hinweise unter »Fine Dining«, Seite 58)

Ah Teng's Bakery

Die Highlights dieses gemütlichen Cafés sind köstliche Backwaren, Kekse und Kuchen sowie heiße Dim-Sum-Gerichte.

Singapore Sling

Dass der *Singapore Sling* aus dem legendären *Raffles* stammt, dürfte bekannt sein. Hier ist das Originalrezept: Nehmen Sie 3 cl Gin, 1,5 cl Cherry Brandy, 1 cl Cointreau, 1 cl Granatsirup, 1,5 cl frischen Limettensaft, 12 cl frischen Ananassaft, einen Spritzer Angostura und schütteln Sie alle Zutaten in einem Cocktailshaker mit Eiswürfen kräftig durch. Den *Singapore Sling* können Sie überall im Hotel oder nach Ihrer Ankunft beim Butler als Welcome-Drink auf Ihr Zimmer bestellen.

Auch wenn Sie nicht im *Raffles* wohnen, so gehört ein Besuch des Hotels zum Standardprogramm; aber vergessen Sie nicht, neben dem Genuss eines originalen *Singapore Sling* auch eines der vorgestellten Restaurants zu besuchen.

MANDARIN ORIENTAL

SINGAPORE

MANDAR

ORIENTAL
Wahrer Luxus liegt nicht in
dem, was man tut - sondern
wie man sich fühlt.

Mandarin Oriental Singapore	5 Raffles Avenue, Marina Square Singapore 039797
Telefon:	(+65) 63 38 00 66
Website:	*mandarinoriental.de/singapore*

Die *Mandarin Oriental Hotel Group* mit ihren Flagships in Hongkong und Bangkok unterhält die renommiertesten Hotels im Luxussegment, darunter ein Haus in Singapur. Wenn Sie mit dem *Eastern & Oriental Express* anreisen, benötigen Sie vom Woodlands Bahnhof ca. 40 Minuten, vom Flughafen aus sind es knapp 30 Minuten. Mit seinen 527 Zimmern gehört das für Geschäfts- wie auch Urlaubsreisende ideale Haus zu einem der größeren Hotels. Das sieht man schon an den großzügig gestalteten Zimmern. Allein das Badezimmer (mit Wannenbad und Dusche) ist so groß wie bei anderen Hotels die Zimmer. Empfehlenswert ist die Buchung des *Grand Zimmers* bzw. der *Club Zimmer*. Die Zimmer und Suiten verbinden dezente fernöstliche Einflüsse mit luxuriösen, modernen Annehmlichkeiten und strahlen eine unaufdringliche Eleganz aus. Aber das ist nicht alles: Atemberaubend ist zum Beispiel der Ausblick auf die Marina Bay, besonders in den Abendstunden. Das Frühstück, Champagner inklusive, nehmen Sie in der Lounge im 19. Stock. Auch zum *Afternoon Tea* stehen delikate Häppchen und Cocktails bereit.

Lage

Mitten im Herzen von Marina Bay, nur wenige Minuten zur bekannten *Orchard Road*. Gleich nebenan befindet sich ein großes Einkaufszentrum.

Swimmingpool

Der 25 m lange Pool liegt eingebettet in einen üppig bewachsenen grünen Garten und bietet eine überwältigende Aussicht. Sie können es sich sogar direkt im Wasser auf einer Liege bequem machen.

Spa

Die Wellnesseinrichtung liegt gleich neben dem Pool. Hier können Sie sich nach der langen Anreise professionell wieder in Form bringen lassen. Da das Spa nicht all zu groß ist, sollten Sie sich rechtzeitig anmelden.

Restaurants

Dolce Vita

Mit einer wahren Leidenschaft für den authentischen Charakter der typisch italienischen Küche verwandelt der Chefkoch erlesene, saisonale und frische Zutaten in wahre Leckerbissen. Die offene Küche bietet einen interessanten Einblick in die Arbeit des Küchenchefs.

Öffnungszeiten: täglich 12 - 14:30 und 18:30 - 22:30 Uhr

Morton's, The Steakhouse

Wie der Name schon verrät, sind die Spezialität dieses Restaurants saftige Steaks - so, wie Sie es gerne haben.

Öffnungszeiten: Montag bis Samstag 17:30 - 23 Uhr
Sonntag 17 - 22 Uhr

Teppan-Ya

Hier dinieren nicht nur Japaner sehr gerne. Die Speisekarte offeriert eine große und vielseitige Auswahl traditioneller japanischer Gerichte.

Öffnungszeiten: täglich 12 - 14:30 und 18 - 22 Uhr

Cherry Garden

Das Cherry Garden punktet mit verführerischer kantonesischer Küche. Der Service ist extrem aufmerksam, die Speisen sind raffiniert und sehr kreativ zubereitet. Äußerst beliebt ist der Brunch an den Wochenenden und Feiertagen (siehe auch S. 57).

Öffnungszeiten: werktags 12 - 14:30 / 18:30 - 22:30 Uhr
Samstag, Sonntag und an Feiertagen
1. Einlass 11 - 13 Uhr
2. Einlass 13:30 - 15:30 Uhr

Shangri-La hotel

SINGAPORE

Shangri-La Valley Wing	22 Orange Grove Road
	Singapore 258350
Telefon:	(+65) 6737 3644
Website:	*shangri-la.com/singapore*

Das *Shangri-La Valley Wing* ist eine der feinsten Adressen Singapurs, nur wenige Gehminuten von der berühmten *Orchard Road* entfernt. Hier bringt die Regierung ihre Gäste unter, hier geben sich Großindustrielle, Stars und Sternchen aus dem Musikgeschäft und Hollywoodstars die Klinke in die Hand.

Das Premium-de-Luxe-Hotel steht auf dem gleichen Gelände wie das gleichnamige 5-Sterne-Hotel, verfügt jedoch über eine separate Zufahrt und eine eigene Rezeption. Achten Sie also darauf, dass Sie den *Valley Wing* buchen und weisen Sie den Taxifahrer bei der Anreise explizit darauf hin!

In der wunderschönen Lobby wird den exklusiven Gästen nicht nur Champagner kredenzt, sondern auch der hoch geschätzte *Afternoon Tea* mit kleinen Häppchen. Statt Champagner kann man auch aus der umfangreichen Cocktailkarte auswählen - natürlich alles auf Kosten des Hauses.

In den Nachmittagsstunden erklingen sanfte Harfenklänge. Im *Valley Wing* weiß man genau, wie anspruchsvolle Gäste verwöhnt werden wollen.

Fotos S. 80/81 (vorige Doppelseite):

- Lobby im Shangri-La Valley Wing
- Champagner-Lounge (links)
- Wohnbeispiel (rechts)

Die intime Atmosphäre wird dadurch gewahrt, dass Hotelgäste aus dem »normalen« 5-Sterne-Haus keinen Zutritt haben. Die Exklusivität setzt sich in den 131 äußerst elegant eingerichteten Zimmern und 26 Suiten fort.

Modern und großzügig ausgestattet sind nicht nur die »Standardzimmer«, sondern auch die Badezimmer, die über Wannenbad, separate Dusche, hochwertige Kosmetikprodukte und sogar ein TV-Gerät verfügen. Nur wenige Hotels offerieren eine kostenlose Minibar; hier gehört dies zur Gastfreundschaft. Allerdings sind alkoholische Getränke davon ausgenommen.

Auf Wunsch steht Ihnen in den Suiten auch der diskrete Butlerservice zur Verfügung. Das Frühstück können Sie im Zimmer bzw. der Suite servieren lassen – Ihnen steht aber neben dem Restaurant auch ein kleiner Garten offen.

Selbstverständlich können die VIP-Gäste alle Einrichtungen des angeschlossenen Hotels nutzen: den großen Swimming-Pool, das herausragende Spa oder den umfangreich ausstaffierten Gym mit Indoor-Pool, Sauna und Dampfbad.

CONRAD®

CENTENNIAL
SINGAPORE

SUNTEC

CONRAD

Conrad Centennial	Two Temasek Boulevard Singapore 038982
Telefon:	(+65) 63 34 88 88
Website:	*conradsingapore.com*
E-Mail:	*conrad_singapore@conradhotels.com*

Im preisgekrönten *Conrad Centennial Singapore*, dass zur Hilton-Kette gehört, werden Luxus, Geschmack und Stil neu definiert. Hier befinden Sie sich im Herzen des exklusiven Marina Bay – einem dynamischen Konglomerat aus Mode, Kunst, Unterhaltung und Business, das den gehobenen Ansprüchen der Geschäfts- und Urlaubsreisenden in vollem Maße Rechnung trägt. Wie bei vielen Hotels haben Sie auch hier ein Einkaufszentrum vor der Tür. Auch eine MRT-Station (S-Bahn) befindet sich in unmittelbar Nähe. Für Spaziergänge bietet sich der Singapur Fluss an. Zum Riesenrad (Flyer) benötigen Sie zu Fuß nicht mehr als gemütliche 15 Minuten. Der Concierge-Service wird Ihnen gerne den richtigen Weg weisen. Wer viel sehen und dennoch auf Luxus nicht verzichten möchte, ist hier an der richtigen Adresse.

Das 31 Stockwerke große Hotel mit seinen 507 Zimmern (inklusive der 25 Suiten) mag auf dem ersten Blick recht unpersönlich wirken, durch den aufmerksamen Service des Personals verflüchtigt sich der erste Eindruck aber sehr schnell.

Empfehlenswert sind die *Executive Rooms* mit dem gewissen Extra. Hier liegt der stilvolle Check-in direkt in der *Executive Lounge* im 31. Stock. Die Lounge ist täglich von 6:30 bis 23 Uhr für Sie geöffnet. Denken Sie an den passenden Dresscode, wenn Sie in illustrer Gesellschaft das Frühstück einnehmen oder sich später kleine Häppchen und Cocktails servieren lassen möchten. Selbstverständlich gibt es den faszinierenden Panoramablick gratis. Schnell werden Sie merken, dass Sie nicht nur eine Zimmernummer sind, sondern mit Ihren Namen angesprochen werden. Die Zimmer und Suiten sind sehr geschmackvoll eingerichtet. Nicht ohne Grund wurde das Hotel mehrfach ausgezeichnet. Gäste, die mehr als zwei Nächte bleiben, können den kostenlosen Bügelservice für bis zu fünf Kleidungsstücke am Anreisetag in Anspruch nehmen).

Pool & Fitness

Im großzügig angelegten Pool mit kühlem Wasser kann man sich hervorragend erfrischen. Der modernen Fitnessbereich ist rund um die Uhr für Sie geöffnet. Zwischen 6 und 23 Uhr steht das Personal mit Rat und Tat zur Verfügung und arbeitet mit Ihnen ein optimales Programm aus. Das Spa (geöffnet täglich von 10 - 23 Uhr) wird Sie nach der langen Anreise wieder in Topform bringen.

Restaurants

Golden Peony

Hier kommen die Liebhaber der feinen kantonesischen Küche voll auf ihre Kosten. Chefkoch Ku Keung ist ein wahrer Meister seines Faches, sonst wäre das *Golden Peony* wohl nicht 2014 und 2015 als eines der besten Restaurants in der Stadt gelistet worden. Ausschlaggebend dürfte dabei auch die große Auswahl an exklusiven Weinen gewesen sein.

Oscars

Das Besondere an diesem Restaurant: Hier können Sie am Wochenende (Freitag bis Sonntag) rund um die Uhr dinieren. Empfehlenswert ist aber auch der Brunch. Obwohl sich die Preise in durchaus erschwinglichem Rahmen halten, wird nicht an der Qualität gespart.

The Terrace

Ein Ort für feinen Kaffee und frisch gebackene Kuchen und Stückchen aus der hauseigenen Bäckerei. Wer nicht auf deutsches Bier verzichten möchte, findet gleich vis-à-vis den *Paulaner*.

the Scarlet®
SINGAPORE

the Scarlet

The Scarlet Singapore	33 Erskine Road Singapore 069333
Telefon:	(+65) 65 11 33 33
Website:	*thescarlethotels.com*

The Scarlet Singapore ist ein anspruchsvolles und luxuriöses Boutique-Hotel mitten in Chinatown mit Stammgästen aus aller Herren Länder. Jedes der 80 Zimmer ist unterschiedlich eingerichtet, aber immer extrem geschmackvoll und mit Liebe zum Detail, wie z.B. die Auswahl exklusiver Materialien für Betten oder Tapeten belegt. Das Personal wird in den höchsten Tönen für seine Freundlichkeit und die Serviceleistungen gelobt. *The Scarlet Singapore* ist ein Nichtraucherhotel.

Neben den schicken Zimmern gibt es einige sehr schöne Suiten, die besonders gerne von Hochzeitsreisenden genutzt werden. Das Gebäude an sich gehört zu einem Ensemble von Handelshäusern aus dem 19. Jahrhundert, die mit sehr großem Aufwand restauriert wurden. Im Untergeschoss kann man in gemütlicher Atmosphäre das Frühstück einnehmen. Weiterhin verfügt das Hotel über drei Restaurants (*Casa Tartufo* mit italienischen Spezialitäten, *ARIA* – hier gibt es neben einem atemberaubenden Blick spezifisch sizilianische Küche und interessante Cocktails, *Mei i Sushi* ist ein japanisches Restau-rant).

Lage

Toplage in Chinatown. Zahlreiche Nachtclubs und kleine Kneipen sowie Sehenswürdigkeiten und viele Restaurants sind fußläufig erreichbar.

Golfplätze

Auf vielen Golfplätzen dieser Welt betätigt man sich nicht nur sportlich, sondern schließt auch wichtige Geschäfte ab. Das ist auf den Golfplätzen Asiens nicht anders. Wenig bekannt dürfte jedoch die Tatsache sein, dass es in der Millionenmetropole Singapur 21 Plätze für die Freunde des edlen Rasensports gibt! Nachfolgend finden Sie die wohl wichtigsten Plätze aufgelistet. Bei einigen davon ist eventuell eine Mitgliedschaft erforderlich.

Marina Bay Golf Course
mbgc.com.sg

Singapore Island Country Club (Drei Plätze)
sicc.org.sg

National Service Resort & Country Club (Vier Plätze)
nsrcc.com.sg

Sentosa Golf Club – Tanjong
sentosagolf.com

Raffles Country Club
rcc.org.sg

Singapur im Internet

Fluggesellschaften

Lufthansa	*lufthansa.de*
Lufthansa First Class	*firstclass.lufthansa.com*
Austrian Airlines	*aua.com*
Swiss	*swiss.com*
Singapore Airlines	*singaporeair.com*
Changi Airport	*changiairport.com*

Sehenswürdigkeiten

Swiss Club Singapore	*swissclub.org.sg*
Chinesische Apotheken	*euyansang.com*
Gardens by the Bay	*gardensbythebay.com.sg*
Riesenrad Singapur	*singaporeflyer.com*
Formel 1	*singaporegp.sg*

Hotels

Raffles	*raffles.com*
Mandarin Oriental	*mandarinoriental.de*
Conrad Centennial	*hiltonhotels.de*
Shangri-La Valley Wing	*shangri-la.com*
The Scarlet Singapore	*thescarlethotels.com*

Allgemeine Reisehinweise

Alleinreisende Frauen

Alleinreisende Frauen können sich unbeschwert in Singapur entspannen und die Stadt erkunden. Die Megametropole zählt zu den sichersten Städten der Welt.

Apotheken

Apotheken, die als »Pharmacy« ausgeschildert sind, gibt es in der Stadt zahlreich. Die Apotheker sprechen in der Regel gut Englisch. Trotzdem sollte man benötigte Spezialmedikamente für die Dauer des Aufenthaltes mitnehmen. Einige Apotheken haben 24 Stunden geöffnet, die Rezeption Ihres Hotels nennt Ihnen eine Apotheke mit Bereitschaftsdienst. Quittungen sollten Sie aufbewahren, um sie bei Ihrer Krankenkasse einzureichen. Am einfachsten kontaktiert man den Concierge oder den persönlichen Butler.

Auto (Leihwagen)

Achtung: Linksverkehr! Leihwagen können Sie bequem über Ihren Butler oder den Concierge reservieren. Ein Navigationsgerät sollte auf alle Fälle an Bord sein. Die Straßen und die kurze gebührenpflichtige Autobahn sind hervorragend ausgebaut.

Botschaften

Embassy of the Federal Republic of Germany
Marina Bay, 50 Raffles Pl.
12-00 Singapore Land Tower
Telefon: (+65) 65 33 60 02

Embassy of Austria
Bugis
600 North Bridge Rd.
Telefon: (+65) 63 96 63 50

Embassy of Switzerland
Bukit Timah
1 Swiss Club Link
Telefon (+65) 64 68 57 88

Drogen

Dass man bei Drogen in Singapur überhaupt keinen Spaß versteht, sollte sich in der Zwischenzeit herumgesprochen haben; Drogenbesitz und -konsum werden nach wie vor sehr hart bestraft.

Elektrizität

Die elektrische Spannung beträgt 220 Volt. Einen Adapter – falls notwendig – bekommen Sie im Hotel.

Trinkgelder

In den meisten Restaurants sind die Trinkgelder (4 %) schon enthalten. Gepäckträger verlangen i.d.R. 1 US $. Am besten deckt man sich mit Eindollarscheinen ein. Diese müssen gegebenenfalls bei der Hausbank rechtzeitig bestellt werden.

Besondere Zollvorschriften

Reisende über 18 Jahre dürfen für den persönlichen Gebrauch je 1 l Wein, 1 l Spirituosen und 1 l Bier einführen. Die Einfuhr von Tabakwaren ist nicht erlaubt bzw. erfordert eine Nachversteuerung. (Genaueres unter *www.customs.gov.sg*).
Reisende aus Deutschland und Österreich dürfen Waren im Wert von 300 €, bei Flug- bzw. Seereisen von 430 € (Jugendliche: 175 €) abgabenfrei mit in die Heimat nehmen. Reisende aus der Schweiz im Wert von 300 SFr. Weitere Auskünfte unter

Deutschland:	*zoll.de*
Österreich:	*bmf.gv.at/zoll*
Schweiz:	*zoll.ch*

Souvenirs

Die Ausfuhr von Produkten aus bestimmten Ledersorten (z. B. Elefant, Krokodil, Schlange) und Elfenbein sowie deren Einfuhr nach Deutschland, Österreich und der Schweiz unterliegen dem Washingtoner Artenschutzabkommen. Es wird dringend empfohlen, sich darüber vor dem Kauf zu informieren. Weitergehende Zollinformationen zur Einfuhr von Waren erhalten Sie bei der Botschaft Ihres Ziellandes. Nur dort bekommen Sie rechtsverbindliche Auskünfte.

Kleidung

Leichte luftdurchlässige Kleidung ist im Sommer angebracht. Vergessen Sie nicht, schützende Kopfbedeckung und eine Sonnenbrille einzupacken.

Notruf

Polizei: 999
Feuerwehr/Rettungsdienst: 995

Post

Ansichtskarten gibt man am besten an der Rezeption des Hotels ab, die auch für das notwendige Porto sorgt.

Passverlust

Es empfiehlt sich, vorzubauen. Nehmen Sie Kopien Ihrer Ausweispapiere und zwei Passfotos mit auf die Reise. Wenn Sie den Verlust Ihres Passes bemerken, muss umgehend die Polizei informiert werden; Informationen und Unterstützung erhalten Sie an der Rezeption Ihres Hotels. Mit der Bescheinigung, der Kopie des verlorenen Passes und den Passfotos sollten Sie sich umgehend an die diplomatische Vertretung Ihres Landes (siehe Botschaften) wenden.

Die Ausstellung eines Ersatzpasses kann, je nachdem, ob man alle Unterlagen vollständig einreicht, innerhalb kürzester Zeit geschehen. Einige diplomatische Vertretungen verlangen eine Gebühr.

Reiseversicherung

Prüfen Sie, ob Ihr Kreditkartenvertrag bereits eine Reiseversicherung enthält, sonst schließen Sie vorsichtshalber eine temporäre Police ab. Achten Sie unbedingt darauf, dass sie im Notfall auch die Luftrettung ins Heimatland beinhaltet. Zeitlich begrenzte Policen gibt es ab etwa neun Euro. Man sollte hier nicht am falschen Ende sparen.

Sicherheit

Singapur ist eine der sichersten Städte der Welt. Wenn Sie zur persönlichen Sicherheit auf Bodyguards nicht verzichten können oder wollen, geben Sie dies schon bei der Reservierung an.

Viele Hotels können Ihnen auch eigene Bodyguards zur Verfügung stellen, so dass einem unbeschwerten Luxusurlaub nichts im Wege steht. Weitere Sicherheitshinweise entnehmen Sie den folgenden Websites:

Deutschland:	*auswaertiges-amt.de*
Österreich:	*bmaa.gv.at*
Schweiz:	*eda.admin.ch*

Telefon

Von Singapur aus kann man in alle Welt telefonieren, auch mit dem eigenen Smartphone. Ländervorwahlen:

Singapur:	+65
Deutschland:	+49
Österreich:	+43
Schweiz:	+41

Internet

Internetanschluss bzw. einen PC finden Sie in den meisten Hotels im Business Center. WiFi ist in allen Hotels, die wir vorgestellt haben, selbstverständlich kostenlos verfügbar.

Zahlungsmittel

Die offizielle Währung in Singapur ist der Singapore Dollar (S$). Beauftragen Sie für den Geldwechsel Ihren Butler. Der Singapore Dollar ist in 100 Cent unterteilt. Münzen zu 1, 5, 10, 20, 50 Cents und 1 S$ sind ebenso im Umlauf wie Banknoten zu 2, 5, 10, 50, 100 und 1000 S$. Bargeld benötigt man jedoch äußerst selten. Alle gängigen Kreditkarten werden akzeptiert, auch in den meisten Taxen. Falls Sie bei der Anreise noch kein Bargeld für den Taxifahrer haben, wird sich ein Mitarbeiter des Hotels gerne darum kümmern. Gäste aus der Schweiz sollten einige US-Dollar oder Euro in bar mitführen.

Zeitverschiebung

In Singapur gilt die Singapore Standard Time:

Sommer:	MEZ +6 Std.
Winter:	MEZ +7 Std

Gesetzliche Feiertage

Neujahr	1. Januar
Chinesisches Neujahr	Ende Januar
Karfreitag	*beweglich*
Ende des Ramadan	Hari Raya Puasa
Tag der Arbeit	1. Mai
Buddhas Geburtstag	Vesakh Day
Nationalfeiertag	9. August
Deepavali/Fest der Lichter	Ende Oktober/Anf. November
Weihnachten	25. Dezember

**Willkommen auf Bali,
der Insel der Götter
und tausend Tempel.
Purer Luxus in den
schönsten Ferienanlagen.**

Bali

Travel in Style ...

Anreise

Wir empfehlen die Anreise über den Stadtstaat Singapur. Der Star Alliance-Partner Singapore Airlines bedient diese Strecke drei- bis viermal am Tag, für den Weiterflug nach Bali müssen Sie etwa 2,5 Stunden reine Flugzeit einrechnen. Von den zahlreichen Budget-Airlines auf dieser Strecke raten wir dringend ab.

Ankunft in Bali

Der 1931 eröffnete *Ngura Rai* (DEN) ist der zweitgrößte Flughafen in Indonesien. Täglich landen hier 40 internationale und 40 nationale Flüge. Trotz seines fortgeschrittenen Alters präsentiert er sich modern – mit kurzen Wegen zu Passkontrolle und Gepäckband. Im Duty free-Shop können Reisende ihre Einkäufe tätigen. Am Ausgang des Terminals warten die Fahrer der gebuchten Hotels bzw. Resorts mit Namensschildern auf ihre Fahrgäste. Sollten Sie einen Hubschrauber-Transfer gebucht haben, gilt Ähnliches. Natürlich können Sie auch auf eines der zahlreichen Taxis zurückgreifen. Der Flughafen ist rund um die Uhr geöffnet; lediglich am *Tag der Stille* hat er geschlossen. Aus Sicherheitsgründen wird auch bei Vulkanausbrüchen der Flugverkehr eingestellt.

Weitere Informationen: *bali-airport.com*

Indonesien

Indonesien besteht aus 17.508 Inseln und beherbergt 240 Millionen Einwohner. Damit steht der südostasiatische Inselstaat an vierter Stelle der bevölkerungsreichsten Länder der Erde. Die breiteste Ausdehnung im Süden des Landes beträgt 1.882 km, die größte Länge im Osten über 5.114 km. In diesem riesigen Land leben etwa

360 verschiedene Völker; in kaum einem anderen Land der Erde findet man so viel unterschiedliche Ethnien, Sprachen bzw. Dialekte und Kulturen. Über 80% der Bevölkerung, etwa 200 Millionen Menschen, sind islamischen Glaubens; in keinem anderen Staat leben mehr Muslime. Trotzdem ist, laut Verfassung, der Islam keine Staatsreligion. Jakarta, die Hauptstadt Indonesiens, ist mit ihren vielen Vororten eine der größten Städte der Welt. Hier sollen fast 30 Millionen Menschen leben. Von Europa aus ist Jakarta gut angebunden; von hier aus lassen sich alle Teile des Landes bequem erreichen. Auch nach Bali gibt es täglich mehrere Verbindungen, trotzdem empfehlen wir die Anreise über Singapur.

Bali

Die Tropeninsel erstreckt sich auf einer Fläche von 5.500 km^2 und zählt weit über vier Millionen Einwohner. Die Haupteinnahmequelle Balis ist der Tourismus mit vier Millionen Gästen pro Jahr. Allerdings fließt der größte Teil des Erlöses in den Staatshaushalt Indonesiens. Nichtsdestotrotz hat man in den letzten Jahren auf Bali auch in die Infrastruktur investiert. So wurde das Straßennetz verbessert und ausgebaut. Eine riesige Brücke verbindet nun den Flughafen direkt mit dem Süden, sodass sich die Transferzeit zu den Hotels bedeutend verkürzt hat. Auch in den internationalen Flughafen wurde kräftig investiert. Heute zählt er zu einem der modernsten in ganz Indonesien. Die Anbindung nach Australien und Singapur ist hervorragend. Zur gleichnamigen Provinz Bali gehören noch weitere kleinere Inseln. Die Nord-Süd-Ausdehnung beträgt nur 95 km. Von der West- bis zur Ostspitze sind es 145 km.

Geschichte

Die Geschichte der kleinen Insel ist relativ unspektakulär. Die ersten Einwanderer Balis kamen um 1.500 v. Chr. aus Kerala (Indien). Das erste Königreich auf der Insel datieren Quellen etwa 2.500 Jahre später auf das Jahr 990 n. Chr. Etwa 1478 hielt der Hinduismus, aus Java kommend, Einzug auf Bali. Mit der holländischen Besetzung, die von 1846 bis 1942 dauerte, kamen auch Christen. Zuvor war die Insel in verschiedene Königreiche aufgeteilt gewesen; die Herrscher verbündeten sich und lieferten sich dramatische Schlachten mit den Besetzern. Hierbei fanden fast 4.000 Balinesen den Tod. Am 17. August 1945 proklamierte Indonesien seine Selbstständigkeit; seitdem ist Bali Teil dieses Landes. Die heute noch existierenden acht Königreiche werden von den Balinesen hoch geachtet, verfügen aber nicht mehr über politischen Einfluss.

1963 brach der *Gunung Agung*-Vulkan aus und tötete tausende der Bewohner. Die Landwirtschaft, damals noch Haupteinnahmequelle der kleinen Insel, verlor an Bedeutung. Viele Bauern zog es nach dem Ausbruch in andere Landesteile. Die Wirtschaft kollabierte. In den folgenden Jahren wurde der Tourismus entdeckt, es entstanden immer mehr Hotelanlagen. Seitdem sind Touristen die Haupteinnahmequelle der Götterinsel.

Bei einem verheerenden Selbstmordattentat wurden am 12. Oktober 2001 in zwei Diskotheken in Kutu 202 Menschen getötet und mehrere hundert verletzt. Der Tourismus kam zum Erliegen. Drei Jahre später kam es erneut zu einem Anschlag, dem 26 Menschen zum Opfer fielen; erneut gab es viele Verletzte. Seitdem hat die indonesische Regierung die Ausgaben für Sicherheitsmaßnahmen deutlich erhöht.

Denpasar

Denpasar ist die Hauptstadt der Insel. Sie verzeichnete in den letzten Jahrzehnten eine gewaltige Bevölkerungsexplosion. Heute leben dort an die 700.000 Menschen, Tendenz steigend. Viele Bewohner anderer Landesteile zieht es vermehrt auf die Ferieninsel in der Hoffnung, einen gut bezahlten Job zu finden. Hochhäuser wie in Singapur gibt es weder in Denpasar noch in anderen Städten der Insel. Der Name Denpasar stammt aus der holländischen Kolonialzeit und bedeutet übersetzt *Zentralmarkt*. Heute ist hier das politische Zentrum mit Provinzregierung und Konsularämtern. Abgesehen vom Bali-Museum, einem alten Hindu-Tempel und einer Kirche im balinesischen Baustil ist die Stadt für *Travel in Style*-Besucher eher bedeutungslos. Auf den breiten Straßen herrscht durch eine Vielzahl von Mopeds und Motorrädern sehr dichter Verkehr.

Vulkane

Die Vulkane der Insel werden von der einheimischen Bevölkerung als heilige Berge verehrt. Der größte unter ihnen ist der *Gunung Agung* (Großer Berg) mit einer Höhe von 3.142 Metern; mit seiner kegelförmigen Shilouette ist er leicht zu entdecken. Allerdings ist die Spitze oft wolkenverhangen, sodass man bei Fahrten ins Landesinnere dann nur einen Teil des Berges sieht. Empfehlenswerter ist der Rundflug per Helikopter. Der letzte Vulkanausbruch erfolgte 1963 an einem hinduistischen Festtag. Dabei wurden tausende von Menschen getötet und ganze Dörfer zerstört. Wie durch ein Wunder wurde der sich in unmittelbarer Nähe befindliche *Pura-Besakih*-Tempel von den Lavamassen verschont. Seitdem wird der Vulkan als Heiligtum verehrt. Ein anderer, ebenfalls sagen- und legendenumwobener Vulkan ist der 2.276 Meter hohe *Gunung Batur*. Er kann, wie alle Vulkane, auch zu Fuß bestiegen werden. Wir warnen aber ausdrücklich vor Versuchen auf eigene Faust: Erfahrene Bergführer und die richtige Ausrüstung, die man vor Ort ausleihen kann, sind unbedingt notwendig, um die Schönheiten der Berge genießen zu können. Der Aufstieg sollte kurz nach Sonnenaufgang beginnen.

Bewohner

Die größte Bevölkerungsgruppe der Götterinsel stellen naturgemäß die Balinesen (89%), gefolgt von anderen Indonesiern, Australiern

Eine der unzähligen Tempelanlagen auf Bali

und einigen wenigen Europäern. Nahezu 70 % der Bevölkerung arbeitet mittel- oder unmittelbar im Tourismus. Der restliche Teil umfasst die eher dörfliche Landbevölkerung, die ihren Lebensunterhalt mit der Bewirtschaftung eigener Plantagen zu bestreiten sucht. Auch wenn der Tourismus viel zur Steigerung der Lebensqualität und zur Verbesserung der Situation der Einheimischen beigetragen hat, war eine Folge davon die Stadtflucht. Viele Dorfbewohner haben ihre Heimat und die landwirtschaftlichen Betriebe verlassen, weil sie in der Tourismusbranche mehr Geld verdienen können. Dazu ist es wichtig, in der Nähe einer Hotelanlage zu wohnen, da die schnelle Erreichbarkeit ein wichtiges Kriterium bei der Auswahl des Personals ist. Des Weiteren werden Einheimische natürlich aktiv in die Kulturprogramme für die Touristen eingebunden. Die auf den Dörfern verbliebenen Landwirte haben aus der Not eine Tugend gemacht und setzen auf ökologischen Anbau.

Die ursprüngliche Landessprache ist Balinesisch, wenngleich auch alle Balinesen Indonesisch und viele, vorrangig in den Städten, auch zusätzlich Englisch sprechen. Die einheimische Bevölkerung ist stolz auf ihre Kultur. Auch wenn sich die Gesellschaft stetig modernisiert, pflegen die Balinesen mit Inbrunst alte Traditionen wie z.B. den Familienverband, sind aber Ausländern gegenüber aufgeschlossen, freundlich und tolerant.

Religionen

Auch wenn der größte Teil der gesamtindonesischen Einwohner islamischen Glaubens ist, sind Hindus mit 92,4% die größte religiöse Gruppe auf Bali. Der Islam (5,6%), das Christentum (1,4%) und der Buddhismus (0,6%) sind klar in der Minderheit. Allerdings haben die Balinesen diese Religionen nicht einfach übernommen, sondern haben sie ihren kulturellen Errungenschaften angepasst. So erkennen die meisten Inder »ihren« Hinduismus auf Bali nicht wieder. Gleiches gilt für den Islam, der sich stark von dem in den Golfstaaten unterscheidet.

Mit dem Zuzug von Indonesiern aus anderen Landesteilen hat sich der Anteil der Muslime leicht erhöht. Der Anteil der Christen an der Bevölkerung bleibt weitestgehend gleich. Trotz der unterschiedlichen Verteilung leben die Religionen und ihre Angehörigen auf Bali in Harmonie und Eintracht miteinander. Daher findet man in den Dörfern Hindutempel, Moscheen und Kirchen in unmittelbarer Nachbarschaft.

Hinduismus

Der Hinduismus ist die am weitesten verbreitete Religion auf der Götterinsel. In jedem Ort, ob mitten im Dschungel oder in den großen Hotelanlagen, findet man ältere oder jüngere Tempelanlagen unterschiedlichster Art und Größe. Anders als anderswo auf der Welt bilden hier Glaube und Aberglaube eine sprichwörtliche Einheit. Man bezeichnet diese Religion auch als *Hindu-Dharma*, eine Form, die es wirklich nur auf Bali gibt. Den Hinduismus gibt es seit dem 8./9. Jahrhundert auf der Insel, er begleitet die Menschen vom Tag der Geburt bis in den Tod. Sowohl für die Dorfgemeinschaft als auch für das familiäre Zusammenleben hat die Religion eine wichtige Funktion.

Man unterscheidet drei Arten von Tempeln: Ursprungstempel ist der *Pura Puseh*. Den *Desa-Tempel* nutzt die Gemeinschaft zur Ratsversammlung, um wichtige Entscheidungen für das Dorf zu beschließen. Der *Pura Dalem* gilt als Totentempel. In vielen Orten sind die Desa- und Pura-Tempel in einem aufwendig gestalteten Komplex gemeinsam untergebracht. Aber die Religion beschränkt sich nicht auf Tempel. Fast jedes Haus verfügt über einen kleinen Altar; weitere sieht man an vielen Wegkreuzungen oder sogar an *Banyan*-Bäumen. Einige Dörfer werden von den Hotelanlagen bzw. touristischen Einrichtungen finanziell unterstützt. In den Tempeln finden dann die örtlichen Versammlungen statt, in denen die Dorfbewohner über die Verwendung der Gelder entscheiden; das Wohl aller steht dabei an oberster Stelle.

Tag der Stille

Viele Touristen haben den *Tag der Stille, des Fastens und der Meditation* schon einmal erleben dürfen. Dieser Tag ist fest sowohl mit der Tradition als auch mit dem Hinduismus verbunden. Der Feiertag *Nyepi* wird am Tag nach Neumond während der Tag- und Nachtgleiche im Frühling gefeiert, ist also ein bewegliches Fest. Während dieses Tages erlischt das öffentliche Leben komplett. Der Flughafen bleibt geschlossen, Flugbuchungen nach Denpasar sind für diesen einen Tag des Jahres nicht möglich. Restaurants, öffentliche Gebäude und Einrichtungen, Banken, Museen, Geschäfte etc. bleiben geschlossen. Weder darf elektrisches Licht genutzt werden, noch darf man sein Haus/seine Unterkunft an diesem Tag verlassen. Es besteht absolutes Arbeits- und Vergnügungsverbot. Selbst offene Feuerstellen sind verboten. Weder Autos noch Motorräder dürfen fahren. Auch das Mobiltelefonnetz wird abgeschaltet.

In den Hotels und Resorts freilich gibt es keine größeren Einschränkungen, auch wenn Touristen auf diese Tradition Rücksicht nehmen sollten. Selbstverständlich werden Sie vor dem Feiertag von den Hotels informiert. Nicht nur für die einheimische Bevölkerung ist der *Tag der Stille* ein ganz besonderer Tag, an dem man sich einmal im Jahr auf sich selbst konzentrieren kann.

Tempelanlagen

Im Prinzip dürfen fast alle hinduistischen Tempel auf Bali besichtigt werden. Bestimmte Teile mancher Tempelanlagen sind jedoch nur Hindus vorbehalten. Entsprechende Hinweisschilder (*For Hindus only*) sollten beachtet werden, ebenso wie die Kleiderordnung: Die heiligen Anlagen dürfen weder in Badekleidung noch in kurzen

Hosen besucht werden. In einigen Tempeln wird darauf geachtet, dass die Besucher einen *Sarong* (Wickeltuch) tragen, den man kostenlos vor dem Betreten der Anlage erhalten kann. Gelegentlich wird sogar Wert auf den *Selendang* (Stoffgürtel) gelegt.

Ulu-Watu-Tempel

Die malerisch schön gelegene, riesige Tempelanlage aus dem 11. Jahrhundert sollten sich nicht nur die Besucher des südlichen Bali ansehen. Es ist wohl die schönste und meistbesuchte Tempelanlage der Götterinsel. Empfehlenswert ist der Besuch in den frühen Nachmittagsstunden, dann kann man den Aufenthalt mit dem Besuch einer Folkloreveranstaltung um 18 Uhr verbinden. Der Ulu-Watu-Tempel ist nur einer der neun Meerestempel, die die Insel vor bösen Geistern und Dämonen beschützen sollen; er befindet sich an einem Kliff auf einer Höhe bis zu 97 Metern. Die erste urkundliche Erwähnung stammt von *Empu Kuturan*, einem Hindu-Priester aus Java, der die Anlage errichten ließ. Erst im 16. Jahrhundert wurde sie durch weitere Kultstätten ergänzt. Auch hier stehen nicht alle Tempel zur Besichtigung offen – *for Hindus only* – aber die niedrigen Mauern, die den Innenhof begrenzen, erlauben gute Einblicke auch aus der Entfernung.

Affentanz (Kecak-Tanz) im Ulu-Watu-Tempel

Die räumlich ausgedehnte Tempelanlage beherbergt zudem den Totentempel (*Pura Dalem*) sowie zwei weitere Gebäude. Jedes von ihnen hat seinen eigenen Innenhof mit ganz eigener Symbolik. Zum Haupttempel gelangt man über 70 Stufen, an deren Ende sich ein von Dämonenköpfen bewachtes Tor befindet. Die geschwungene Form deutet auf den *Garuda* (Vogel) hin.

Ein Spaziergang an den Klippen weckt Assoziationen zur *Großen Mauer* in China. Bitte denken Sie an eine passende Kopfbedeckung und eine Flasche Wasser. Besonders einmalig ist der Ausblick am späten Nachmittag, kurz vor Sonnenuntergang. Achten Sie auf Ihrem Weg unbedingt auch auf die Makaken (Affen), die mit den Touristen allerlei Späßchen treiben. Wenn man nicht aufpasst, haben sie blitzartig Sonnenbrille und Hut entwendet. Mit Hinweisschildern und Durchsagen wird beständig vor den bösen Scherzen gewarnt, zusätzlich achten Mitarbeiter darauf, dass es zu keinen Zwischenfällen kommt. Auch wenn die Affenkinder niedlich anzusehen sind und die Touristen provozieren, sollte man sie unter keinen Umständen anfassen!

Kurz vor 18 Uhr führt Sie der Weg in das Open-air-Theater, denn nun folgt pünktlich zum Sonnenuntergang die genannte Folkloreveranstaltung. Am besten suchen Sie sich einen Platz in der Mitte, sodass Sie zusätzlich noch den Sonnenuntergang genießen können. Die Aufführung des Affentanzes (siehe Seite 116) mag manchen Besuchern touristisch oder kitschig erscheinen, sie ist aber ein einmalig schönes Erlebnis in einer fantastischen Kulisse. Die Tänzer stammen zumeist aus der Umgebung, nicht wenige arbeiten oft sogar in den dortigen Hotels. Die Vorführung dauert etwa eine Stunde.

Öffnungszeiten:	8 bis 18 Uhr
Eintritt:	ca. 20.000 IDR

Culture Park Bali

Der Culture Park Bali dient der Erhaltung der alten Traditionen für die Nachwelt. Der *Garuda Wisnu Kencana Culture Park* (GWK) liegt

Wisnu-Büste und Tänzerinnen im Culture Park Bali

auf einer ca. 60 ha großen Anlage in der Mitte des südlichen Teils der Insel und ist von den hier vorgestellten Urlaubsanlagen leicht und schnell zu erreichen. Planen Sie hier mindestens einen halben Tag ein, denn die Anlage hat viele reizvolle Ecken. Sonnenbrille und Kopfbedeckung dürfen jedoch nicht fehlen. Hier soll eine 120 m hohe *Garuda-Wisnu*-Statue entstehen, deren Flügelspannweite 64 m betragen wird. Da der Bau durch private Geldgeber finanziert wird, ist die tatsächliche Fertigstellung noch nicht absehbar. Im Fall des Falles ist der Eintrag ins *Guinness-Buch der Rekorde* aber garantiert. Es wird dann weltweit die größte Garuda-Statue sein – fast doppelt so hoch wie die Freiheitsstatue in New York. Der Erwerb der Eintrittskarte berechtigt auch zum Besuch des Amphitheaters, wo Sie ab 10 Uhr verschiedene Tänze und Aufführungen, darunter auch den Affentanz, verfolgen können. Im Anschluss an die Darbietungen stehen die Darsteller für Fotos zur Verfügung. Die letzte Veranstaltung findet um 18:30 Uhr statt.

Eine überdimensionale Büste steht am *Plaza Wisnu*. Hier kann man auch der sanften balinesischen *Gamelan*-Musik lauschen. Kleine Teiche mit Lotosblüten komplettieren das exotische Ensemble. Der Culture Park wird besonders am Wochenende von Einheimischen besucht, da es an diesen Tagen gelegentlich Sonderveranstaltungen, z.B. Konzerte, gibt. Die Rezeption Ihrer Ferienanlage gibt gerne die gewünschten Auskünfte. Natürlich können Sie im Park auch landestypische Souvenirs erwerben, und für das kulinarische Wohl ist bestens gesorgt.

Culture Park	Jl. Raya Uluwatu, Ungasan Kuta Selatan, Badung 80364
Telefon:	(+62) 36 17 00 808
Öffnungszeiten:	8 – 20 Uhr

Zeremonien

Bei vielen Gelegenheiten werden Sie einer privaten oder öffentlich-religiösen Zeremonie beiwohnen können. Bei privaten empfehlen wir Zurückhaltung, denn wenn es sich z.B. um die Verbrennung eines Verstorbenen handelt, wollen die Angehörigen und Dorfbewohner in der Regel unter sich bleiben, wenn sie den Verstorbenen

auf seinem letzten Weg begleiten. Bei öffentlichen Zeremonien in Tempeln kann es mitunter passieren, dass die Anlage für Nicht-Hindus geschlossen wird. Dann sollte man das Szenario mit respektvollem Abstand beobachten.

Walter Spies

Ein deutscher Nationalheld auf Bali

Der deutsche Musiker und Maler Walter Spies (* *15. September 1895 in Moskau; † 19. Januar 1942 im Indischen Ozean*) gilt bis heute auf Bali als Nationalheld. Er war nicht nur ein bedeutender Maler, der das Inselparadies durch seine Arbeiten bis nach Europa bekannt machte, sondern auch Choreograf und »Erfinder« des weltberühmten balinesischen *Kecak-Tanzes* (siehe Seite 116). Zudem war er auch Linguist und sprach mehrere indonesische Sprachen. Seine erste Station führte ihn 1923 nach Java, wo er am Hofe des *Sultans von Yogikarta* als Pianist und Kapellmeister sein Geld verdiente. Sein Können und die Leidenschaft für die indonesische Kultur sprachen sich bis nach Bali herum. Schon bei seinem ersten Aufenthalt im Jahr 1925 verliebte er sich in die Götterinsel. Nur ein Jahr später lud Spies deutsche Dokumentarfilmer zu Aufnahmen über die balinesische Kunst auf die Insel ein.

Der Dokumentarfilm war weltweit ein großer Erfolg. Schon 1927 holte ihn der balinesische König von Ubud, *Cocorde Gede Agung*

Sukawati, auf die Götterinsel mitten in den Dschungel. Inspiriert von der Landschaft und den friedvollen Menschen befasste er sich intensiv mit der Kultur, die sich von der zuvor auf Java entdeckten deutlich unterschied. Er reformierte die balinesische Malerei und förderte in seinem *Water Palace* nicht nur lokale Talente. Nach und nach trafen weitere Künstler auf Bali ein, wie z.B. der holländische Musiker Jaap Kunst (* *12. August 1891; † 7. Dezember 1960*) und der Maler Rudolf Bonnet (* *30. März 1895; † 18. April 1978*). Auch Charlie Chaplin war ein gern gesehener Gast. Bonnet kam jedoch erst 1929 auf die Insel. Als Spies sein Haus aufgab, um an die Ostküste zu ziehen, übernahm Bonnet das Anwesen.

In *Iseh*, Spies' neuer Residenz, entstanden die weltberühmten Bilder. 1936 gründete er den Künstlerverein *Pita Maha*, der Bali mit seinen Bildern in der ganzen Welt bekannt machte – sogar in den USA wurden die Werke präsentiert. Ab 1937 zog sich Spies aus den Künstlerkreisen in *Iseh* zurück und empfing nur noch wenig Besuch. Mit seiner Interpretation des Kecak-Tanzes hatte er sich ein Denkmal auf Lebenszeit gesetzt und wollte kein Touristenführer mehr für Schauspieler und andere Künstler sein. Silvester 1938 wurde er wegen unmoralischen Verhaltens für neun Monate ins Gefängnis geworfen; daraufhin folgte der Ausschluss aus dem von ihm selbst begründeten *Pita Maha*. Diesen Schlag konnte er, der so viel für Bali getan hatte, nie überwinden. Nach dem Einmarsch deutscher Truppen in Holland wurde er interniert und später nach Java und Sumatra verbracht. Am 18. Januar 1942 sollte er mit dem holländischen Frachtschiff *Van Imhoff* nach Ceylon (heute Sri Lanka) gebracht werden. Eine japanische Fliegerbombe traf das Schiff, in dem sich 411 internierte Deutsche befanden, von denen niemand überlebt haben soll.

Kecak-Tanz (Cak-a-Cak)

Kein anderer traditioneller Tanz präsentiert Bali so wie der Kecak- oder Affentanz, dessen Choreographie um 1930 von Walter Spies neu interpretiert und so zu einem großen Erfolg wurde. Darbietungen dieses Trancetanzes sollten Sie sich nicht entgehen lassen. Aufgeführt wird er in der Tempelanlage von Ulu-Watu, in Pura Dalem in Ubud und vereinzelt in den Hotels. Der Kecak- oder auch

Affentanz hat mindestens siebzig männliche Mitwirkende, die nur von einer Öllampe erleuchtet, in exotischer Atmosphäre die *Legende von Ramayana* darstellen. Die Tänzer sitzen oder stehen im Kreis und verkörpern das mythologische Affenheer. Fast eine Stunde singen sie in wechselndem Tempo und in variierender Lautstärke *Kecak Kecak Cak-a-Cak* – bis sie in absolute Trance fallen.

Der Legende nach wurden *Rama* und seine Gattin *Sita*, die rechtmäßigen Thronfolger von *Ayodia* unter falscher Anklage für 14 Jahre in den Wald verbannt. Dort begegnen sie dem Furcht einflößenden Riesen *Rahwana*, dem König der Dämonen, der einen Hirsch schickt, um Prinz *Rama* und dessen Bruder *Laksamana* wegzulocken. *Rahwana* verkleidet sich als guter Priester und entführt *Sita* in sein Königreich, woraufhin eine gewaltige Schlacht ausbricht. Während dieser Szene teilt sich der Kreis der Tänzer: Eine Hälfte spielt die Rolle der Affenkrieger und die andere Hälfte die der Dämonen. Der peitschende Rhythmus und die Intensität der Musik erreichen langsam, aber sicher den Höhepunkt. Natürlich gewinnt das Gute über das Böse – *Rahwana* wird besiegt. *Rama* und *Sita* kehren triumphierend nach *Ayodia* zurück.

Die einmalige Kulisse des Ulu-Watu-Tempels in Verbindung mit dem Sonnenuntergang im Amphitheater versprechen ein unvergessliches Erlebnis. Wer in der Inselmitte wohnt, kann sich den Tanz auch in Ubud ansehen. Ansonsten finden ähnliche Aufführungen in vielen Hotelanlagen sowie einigen Restaurants statt. Am besten fragen Sie in Ihrer Ferienanlage nach.

Flora & Fauna

Natur entdecken

Indonesiens Flora ist so ausgeprägt und vielfältig wie das Land. Pflanzen, die bei uns im Blumentopf gedeihen, wachsen hier auf-

, Balinesischer Bauer mit Kakaofrucht

Reebok

grund des besonderen Klimas meterhoch. Die klimatischen Verhältnisse erlauben sogar, Gewürze, Obst und Gemüse mehrmals jährlich zu ernten.

Noch vor einhundert Jahren bestand die Insel in weiten Teilen aus tropischem Monsunwald. Mit dem Ausbau der Landwirtschaft, zumeist durch Rodung, hat sich dies gewaltig verändert. Natürlich hat sich auch der Tourismus negativ auf die einheimische Flora und Fauna ausgewirkt. Um dem entgegenzuwirken, wurde der Bali-Nationalpark im Nordwesten 1984 unter Naturschutz gestellt. Aber auch an anderen Stellen findet man immer noch tropische Bäume wie *Frangipani, Bougainvillea* oder *Hibiskus*. Mangrovenwälder wachsen im Südosten und Westen der Insel.

Liebhaber von Gewürzen fühlen sich auf Bali wie im Paradies. In den kleineren Dörfern links und rechts des Weges nach Ubud wachsen und gedeihen Pfeffer, Kakao, Nelken, Zimt, Ingwer, Kardamom, Kaffee und vieles mehr. Teeplantagen dehnen sich in malerischer Hanglage aus; von den vielen Reisfeldern ganz zu schweigen. Riesige Bananenstauden, Orangen und Kokospalmen säumen den Weg. Viele Bauern verkaufen ihr selbst angebautes Obst und Gemüse sowie Gewürze direkt an der Straße.

Kopi Luwak

Kopi Luwak ist der teuerste Kaffee der Welt; es gibt ihn nur in wenigen Ländern. Das Geheimnis dieses kostbaren Kaffees: Die Kaffeebohnen werden von Schleichkatzen gefressen und wieder ausgeschieden; die Kaffeebauern sammeln die »Hinterlassenschaften« ein und rösten sie.

Kopi Luwak ist ein besonders feiner und milder Kaffee, der bei uns für ca. 50 € pro 100 g angeboten wird. Allerdings ist ein Teil des Angebots oft nur eine billige Fälschung.

Im Erzeugerland ist der echte Kopi Luwak natürlich viel günstiger zu bekommen. Folgen Sie einfach Ihrer Nase und dem Kaffeeduft, wenn die Bohnen frisch geröstet werden.

Tierwelt

Obwohl Bali nicht sehr groß und der Lebensraum nur begrenzt ist, findet man noch einige weniger bekannte Tierarten in freier Natur, und das nicht nur im Dschungel. Der *Balistar* z.B., eine äußerst seltene Vogelart, ist nur hier verbreitet. Die Wildtiere haben sich zwar längst an den Menschen gewöhnt, trotzdem sollte man immer einen gewissen Abstand halten. Bis Ende 1940 wurde der Bali-Tiger im Dschungel gesichtet; heute gilt er als ausgestorben und ist nicht einmal mehr in den Zoos zu finden. Wesentlich häufiger, und nicht nur in den geschützten Reservaten, stößt man auf Makaken. Neben Echsen und Geckos findet man überall auch Schlangen, von denen aber nur wenige wirklich giftig sind. In der Mitte der Insel leben Rotwild und Wildschweine. Im Nationalpark grasen friedlich Wildrinder. Hunden begegnet man auf Schritt und Tritt. Der Eindruck, es handele sich um Streuner, ist jedoch nicht richtig.

Affen

Wieviele Makaken heute noch auf Bali leben, ist unbekannt. Durch den Bau von zahlreichen Hotels und Straßen (auch im Dschungel) wurde ihr Lebensraum aber extrem eingeschränkt, daher hat sich in den letzten 30 Jahren die Population stark dezimiert. Nichtsdestotrotz haben sich die possierlichen Äffchen nicht überall vertreiben lassen, ganz im Gegenteil: In einigen Hotelanlagen, Tempeln und touristischen Einrichtungen haben sie – wenn auch nicht immer erwünscht – eine neue Heimat gefunden.

Vorsichtsmaßnahmen

Mitarbeiter der Hotelanlagen machen Sie darauf aufmerksam, ob »Affengefahr« droht, denn wenn Sie das Frühstück unter freiem Himmel einnehmen, haben Sie mitunter sehr schnell ungebetene Gäste – insbesondere, wenn Sie leckere Früchte bestellt haben. In der Regel zieht in den frühen Morgenstunden ein Vorposten über die Anlage und informiert den »Familienclan«, wo es etwas Leckeres zu holen gibt. Zunächst werden Sie noch aus sicherer Entfernung beobachtet, aber wenn der »Chef« kommt, geht alles sehr schnell. Auf keinen Fall sollten Sie die Affen füttern. Auch die kleinsten Affenkinder haben keine Scheu vor den Menschen. Aber fassen

Sie diese unter keinen Umständen an! Am besten informieren Sie unverzüglich die Rezeption oder den Butlerservice. Gehen Sie auf keinen Fall irgendwelche Risiken ein, denn ein Affenbiss ist nicht zu unterschätzen. Kleinere, bewegliche Gegenstände (Telefon, Brillen etc.) sollten Sie niemals draußen liegenlassen.

In den späteren Nachmittagsstunden kann man in den Sträuchern oft noch ein Rascheln vernehmen. Ein weiterer Besuch ist aber so gut wie ausgeschlossen, da die Affen dann bereits satt sind.

Auch in der Umgebung einiger Tempel leben große Familienverbände und machen es interessierten Touristen nicht immer ganz leicht. Jedoch sollte man bedenken, dass es der Mensch war, der in den Lebensraum der Makaken eingedrungen ist. Hinweisschilder und Durchsagen empfehlen Ihnen, Brillen und Hüte in der Tasche zu verstecken. Diese Durchsagen sind wirklich ernst gemeint. In Windeseile hat Ihnen ein Affe nämlich die Brille von der Nase gestohlen – so schnell kann kein Mensch reagieren!

Wenn die Affen Ihnen einen Handel vorschlagen – Früchte gegen Brille – haben Sie Glück; ansonsten kann es passieren, dass Sie Ihre Gegenstände in zwei Teilen zurückbekommen. Rancher beobachten die Affen aufmerksam und geben entsprechende Hinweise. Übrigens: Dass Kartoffelchips nicht zur Grundnahrung der Makaken gehören, hat sich offenbar noch nicht herumgesprochen. In einigen Anlagen können Sie Früchte und Gemüse kaufen, um die Affen zu füttern. Aber halten Sie Abstand! Angegriffen werden Sie in der Regel nur, wenn sich der Affe bedroht fühlt. Allerdings kommt es durchaus vor, dass sich ein Affe den Kopf eines Touristen als Landeplatz aussucht.

Ubud

Die Kleinstadt Ubud mit ihren 30.000 Einwohnern befindet sich an der bedeutenden Nord-Süd-Verbindungsstraße, ca. 30 km von der Hauptstadt Denpasar entfernt. Die Straße ist zwar relativ gut ausgebaut, bedingt durch das enorme Verkehrsaufkommen und zahlreiche Ampeln braucht man für die kurze Strecke von Denpasar mitunter jedoch knapp zwei Stunden. An den Wochenenden ist der Verkehr sogar noch intensiver. Nach Möglichkeit sollte man an diesen Tagen die Zeit lieber mit anderen Ausflügen verbringen.

Ubud gilt seit vielen Jahrzehnten als kulturelles Zentrum der Insel. Hier ließ sich einst auch der deutsche Maler und Musiker Walter Spies (siehe Seite 115) einen kleinen »Palast« bauen. Viele bekannte Künstler, Schauspieler und Maler waren – zumindest teilweise – hier zuhause. Das hat sich bis heute nicht geändert. Auf den Märkten und in den Galerien werden zahlreiche Bilder von einheimischen wie von ausländischen Malern, die sich hier niedergelassen haben, angeboten. Die traditionelle Textil- und Holzschnitzkunst werden ebenfalls gepflegt. Wer sich für Kunstmalerei interessiert, sollte sich unbedingt das *Agung Rai-Museum* ansehen. Dies ist jedoch nicht die einzige Galerie in der Stadt.

Vor einigen Jahrzehnten wurde Ubud von den Backpackern entdeckt. Daher findet man hier auch Hostels und sehr günstige Unterkünfte. In den letzten Jahren ist diese Gegend aber auch für *Travel in Style*-Besucher äußerst attraktiv geworden. Die Hotelanlagen liegen malerisch außerhalb der Ortschaften mitten im Dschungel. Bedingt durch die etwas günstigeren Temperaturen – der Temperaturunterschied zum Süden beträgt mitunter 10° C – kann man in aller Ruhe und im Einklang mit der Natur entschleunigen. Neben Affen- und Elefantenpark, Museen und Tempeln gibt es hier auch einen schönen Markt: den Nachtmarkt im Zentrum der Stadt. Er ist zwar auch tagsüber geöffnet, aber seine Schönheit entfaltet sich tatsächlich erst in den späten Abendstunden.

Wer den *Cak-a-Cak*-Tanz noch nicht gesehen haben sollte, hat in Ubud die Gelegenheit, diesem einmaligen Spektakel beizuwohnen. Im *Pura Dalem*-Tempel wird er mehrmals wöchentlich aufgeführt und begeistert nicht nur die lokalen Bewohner. Die Geschichte ist zwar identisch, wird jedoch etwas anders interpretiert als z.B. im *Ulu-Watu*. Da der Tempel nicht einfach zu finden ist, organisiert man diesen Ausflug am besten über einen Veranstalter oder erkundigt sich an der Rezeption seiner Unterkunft nach den Aufführungsterminen.

Agung Rai Museum

Das bemerkenswert schöne Kunstmuseum wurde 1996 eröffnet. Die Dauerausstellung präsentiert Arbeiten balinesischer und auswärtiger, auf Bali lebender Künstler. Hier findet man auch Gemälde von Walter Spies und Rudolf Bonnet. Interessant dürften auch die Malereien auf Baumrinde im *Kamasan*-Stil sein. Das Museum besteht aus mehreren im balinesischen Stil entworfenen Gebäuden. In der gepflegten Gartenanlage mit Teichen und Springbrunnen kann man sich nach dem Besuch entspannen.

Monkey Forest (Affenwald)

Ein äußerst beliebter Ausflug führt in den Affenwald bei Ubud, gleich am Ortseingang links, wenn man von Süden anreist. Schon auf den Besucherparkplätzen am Eingang zum Gelände wird man von den possierlichen Tierchen begrüßt. Mit dem Verkauf von Futter finanziert sich der Park, der nicht nur Touristen eine willkommene Abwechslung bietet, sondern auch für Wissenschaftler enorm wichtig ist. Die rund 600 balinesischen Langschwanzaffen, eine Makakenart, bewegen sich frei im nicht eingezäunten Areal, das sie jederzeit verlassen könnten. Sie leben in fünf riesigen Clans an unterschiedlichen Orten (am Friedhof, im Osten und Westen sowie in der Mitte und am *Michelin*) zusammen. Selten verirren sich einzelne Affen in das Gebiet eines anderen Clans. Nur in der Trockenzeit, wenn eine Gruppe am Fluss Erfrischung sucht und dazu das Gelände eines anderen Clans betritt, kann es zu heftigen Streitigkeiten kommen. Die Rancher greifen in der Regel nicht ein. Wie überall auf der Götterinsel gibt es auch im Monkey Forest Tempelanlagen, die nicht nur von den Affen in Beschlag genommen wurden, sondern auch heilige Stätten der Hindus sind. Irgendwie müssen sich die Affen an diese Situation gewöhnt haben. Sobald dort die Zeremonien beginnen, verziehen sie sich in den Wald. Dort sollen an die 115 verschiedene Baumarten wachsen, von denen einige von den Hindus als heilige Bäume verehrt werden.

Öffnungszeiten: 8:30 - 18 Uhr
Website: *monkeyforestubud.com*

Elefanten

Auf der kleinen Insel Bali gab es bis vor 20 Jahren nicht einen einzigen Elefanten, weil dieses Gebiet für Tiere dieser Größenordnung eigentlich viel zu klein ist. Daher ist der asiatische Elefant ursprünglich auf Sumatra und Borneo zu finden. Jedoch hat man auch dort durch Abholzung der tropischen Regenwälder seinen Lebensraum sehr stark eingeschränkt. Heute kann man Sumatra-Elefanten im Zoo in Denpasar und auf einer Lodge in der Nähe von Ubud bewundern.

Das Klima in der Inselmitte bei Ubud ist durchaus mit dem Klima in tropischen Regenwäldern vergleichbar. Man kann daher davon ausgehen, dass Nigel Mason mit der Gründung des *Elephant Safari Park* 1997 die ersten geretteten Elefanten hergebracht hat. In diesem Reservat, das nur knapp eine Stunde von Ubud entfernt liegt, leben heute mehr als 30 Dickhäuter. 2009 wurde hier sogar der erste Elefant geboren. Auf einem Areal von 3,5 ha leben sie - fast im Einklang mit der Natur - friedlich und in einem gesicherten Lebensraum. Der Park, der 285 Einheimischen Arbeitsplätze sichert, wird täglich von fast 400 Menschen besucht. 15% der Einnahmen aus der Lodge gehen als großzügige Spende an das nahe gelegene Dorf. Der Ältestenrat entscheidet, wie das Geld in die Infrastruktur investiert wird.

Neben einem kleinen Museum gleich am Eingang zum Park darf der obligatorische Souvenirshop nicht fehlen. Aber nicht nur das: Elefanten-Fans können sich in einer der 27 Lodges (Bambushütten) einquartieren. Ein Spa finden Sie hier natürlich auch. Eine Elefantenkuh begleitet Sie zum Frühstück ins Restaurant. Zu den regulären Öffnungszeiten können Sie nicht nur die Elefanten reiten,

sondern können sich auch mit »Schrubben« an der Elefantenpflege beteiligen. Auch Tagesbesucher können - nach vorheriger Anmeldung - die Rücken der Dickhäuter besteigen.

Buchen Sie diesen Ausflug gleich am Eingang. Eine eventuelle Wartezeit kann man dann entweder in der schönen Anlage verbringen oder man erfrischt oder stärkt sich im Restaurant.

■ Lodge im Elefantenpark. Vom Balkon aus können Sie den Elefanten direkt besteigen.

Öffnungszeiten:	7 - 18 Uhr Nachtsafari ab 19:30 Uhr
Weitere Informationen:	Jalan Elephant Park Taro
Telefon:	(+62) 36 17 21 40 80
Website:	*elephantsafariparklodge.com*

Foto S. 126/127 (vorige Doppelseite):

■ Morgendlicher Elefantenritt zum Frühstück

Lovina

Mit Lovina bezeichnet man einen 12 km langen Abschnitt an der Küste im Norden.

Singaraja, an der Nordküste der Insel gelegen, war bis zur Unabhängigkeit Indonesiens die Hauptstadt von Bali, ein wichtiges Verwaltungszentrum und auch die größte Stadt der Insel. Als im letzten Jahrhundert der Bau eines Flughafens geplant wurde, stand auch dieser Ort zur Auswahl. Es muss aber wohl gute Gründe gegeben haben, den Standort Denpasar zu bevorzugen.

Flaniert man heute durch Singaraja, kann man noch die typischen Kolonialbauten aus der Zeit der Holländer sehen. Der Name des Küstenabschnitts allerdings wird den Engländern zugeschrieben, er setzt sich angeblich aus »**Lov**e« und »**In**donesi**a**« zusammen. Damals war die Hauptstadt eine bedeutende Hafenstadt; heute leben in der zweitgrößten Stadt der Insel an die 120.000 Menschen. Als Universitätsstadt hat Singaraja nach wie vor einen guten Ruf, es gibt gleich zwei Universitäten. Noch vor 50 Jahren galt Lovina als Hippie-Paradies, weil man hier auch mit wenig Geld gut leben konnte. Das hat sich in den letzten zehn Jahren geändert. Touristen, die heute nach Lovina kommen, legen wenig Wert auf Nachtleben, sondern bevorzugen Meditation oder Entschleunigung. Es gibt einige empfehlenswerte Luxushotels direkt am Strand. Der lange schwarze Sandstrand ist nicht nur für Wassersportler attraktiv; wer früh genug aufsteht, kann mit den örtlichen Fischern aufs Meer hinaus fahren und Delfine bewundern.

Der königliche Palast

In der ehemaligen Hauptstadt befindet sich auch der königliche Palast *Puri Agung Buleleng*. Folgen Sie den Wegweisern zum *The Royal Palace Singaraja*. Er wurde wahrscheinlich 1604 von König (Raja) *Ki Gusti Anglurah Pandji Sakti* erbaut, der von hier aus das Königreich *Buleleng* regierte. Im Laufe der Geschichte wurden mehrfach Gebäudeteile zerstört und durch neuere ersetzt bzw. erweitert. Der letzte Raja *Anak Agung Pandji Tisna* wohnte hier bis 1978, als er siebzigjährig verstarb. Er widmete sich insbesondere der Förderung der touristischen Infrastruktur, um den Bedeutungsverlust durch die Aberkennung des Hauptstadt-Status' auszugleichen. So war er auch der Erste, der eine Unterkunft für Touristen bauen ließ. Als Schriftsteller veröffentlichte er bei internationalen Verlagen und machte Lovina einem breiten Publikum bekannt. Wenn man den Palast heute besucht, scheint es, als wäre er eben erst aus dem Haus gegangen.

Öffnungszeiten: 16 – 18 Uhr

Bitte lassen Sie sich die aktuellen Öffnungszeiten über die Rezeption bestätigen. Der Palast ist Privatbesitz, daher kann es auch ohne Vorankündigung Änderungen geben.

Ling Gwan Kiong, Chinesischer Tempel

Auf Bali gibt es nur wenige chinesische Tempel. Einer davon befindet sich in Singaraja. Er empfängt den Besucher mir einem Springbrunnen und Löwenstatuen. Angst einflößende Drachenköpfe auf einer Brücke sollen den eigentlichen Tempelraum vor bösen Geistern und Dämonen schützen.

Kloster Brahma Vuhara Arama

Das buddhistische Kloster befindet sich zehn Kilometer westlich von Singaraja und ist eines der wenigen Klöster, die es überhaupt auf der Insel gibt. Den Innenhof ziert ein Springbrunnen, Treppen führen zu einem Gebetsraum. Zahlreiche Statuen und liegende Buddhas sowie weitere hinduistische Symbole erfüllen den Raum mit Spiritualität. An den Wänden wird mit vielen Bildern das Leben Buddhas dokumentiert; von hier aus gelangen Sie direkt zur obersten Terrasse mit einem traumhaften Ausblick über die gesamte nördliche Küstenregion. Übrigens: In diesem Kloster werden Meditationskurse angeboten, die auch Urlaubern offen stehen. Die Termine erfragen Sie über die Rezeption Ihrer Unterkunft.

Die Sing-Sing-Wasserfälle

Wer nicht im salzigen Meerwasser baden möchte, der sollte mit dem Taxi nach *Kalibukbuk* fahren. In etwa fünf Kilometern Entfernung gibt es dort einen schönen Wasserfall. Vom Parkplatz aus sind es nur ein paar Minuten zu Fuß über einen kleinen Pfad. Ein Besuch empfiehlt sich eher unter der Woche. Wie wäre es z.B. mit einem Picknick an diesem besonderen Ort? Das Wasser kommt direkt vom Berg und ist sehr erfrischend.

Banja Heiße Quelle

Wem die Sing-Sing-Wasserfälle zu kalt sind, der fährt lieber zu den heißen Quellen von Banja. Sie liegen etwas weiter westlich und sind eine unverwechselbare Sehenswürdigkeit; dieses Naturschauspiel ist absolut spektakulär - und natürlich auch spirituell angehaucht. Das heiße, schwefelhaltige Wasser fließt direkt aus der Quelle in ein mit Wasser speienden Drachenköpfen verziertes Becken.

Auf Wunsch werden Sie am Beckenrand mit einer erholsamen Rückenmassage verwöhnt. Dem Quellwasser werden heilsame Kräfte nachgesagt, daher ist es hier besonders am Wochenende recht voll.

Die Strände in Lovina

Der schwarze Sandstrand lädt nicht nur zu einem erholsamen Sonnenbad ein - beim Schwimmen und Schnorcheln können Sie die Unterwasserwelt erkunden. Das vorgelagerte Riff eignet sich hervorragend für Tauchgänge; bei unvergesslichen Touren können Sie die exotischen Meeresbewohner von ihrer schönsten Seite bewundern. Vom Strand aus erreichen Sie ganz problemlos das Kliff. Das Wasser ist so ruhig, dass es in einzelnen Abschnitte sogar für Angler von Interesse ist.

Ein besonderes Erlebnis sind die Bootstouren. Sie starten in den frühen Morgenstunden und bieten gleich zu Beginn einen traumhaften Sonnenaufgang auf hoher See. Danach steht ein leckeres Frühstück an, bevor Sie Delfine beobachten können. Spätestens jetzt werden Sie sich in Bali und besonders in Lovina verliebt haben, denn es ist wahrlich ein Paradies, das unglaublich viel zu bieten hat.

Travel in Style mit dem Helikopter

Wer nur wenig Zeit mitbringt und auf höchsten Luxus nicht verzichten möchte, dem offerieren zwei Anbieter einen ganz besonderen Service: die direkte Anreise zur Ferienanlage oder/und den Transferflug zu einem der später beschriebenen Golfplätze. Höchsten Luxus verspricht eine Rundreise mit dem Helikopter über die Götterinsel, vorbei an malerischen Vulkanen, über den Dschungel bis hin zur Nordspitze der Insel - ein Ausflug mit vielen unterschiedlichen Perspektiven. Sie können sich das Besichtigungsprogramm selbst zusammenstellen oder sich von den Anbietern beraten lassen. Auf jeden Fall sollte der Transfer vom Flughafen rechtzeitig gebucht werden.

Air Bali

Air Bali organisiert neben den Transfers vom/zum Flughafen in Ihre Ferienresidenz auch Ausflüge ganz nach Ihren Wünschen. Es besteht die Möglichkeit, einen Ausflug mit anderen Interessenten zu teilen. Der Helikopter bietet Platz für maximal vier Personen. Wenn Sie das Erlebnis lieber alleine genießen möchten, können Sie ihn auch ganz privat buchen. Hier einige Vorschläge für gelungene Ausflüge:

Best of Bali

Der ca. einstündige Ausflug zeigt Ihnen Bali von seiner besten Seite. Sie passieren riesige Vulkane, sehen die malerischen Reisfelder und fliegen über den Dschungel bei Ubud.

Flug in den Sonnenuntergang

Wer es besonders romantisch liebt, dem empfehlen wir den ca. 40-minütigen Flug zum Sonnenuntergang über die einmalig schöne Küste im Süden bis hin zum *Kuta* und *Jimbaran* Strand und zum *Ulu-Watu*-Tempel.

Joy Flight Tour

Der ca. 30-minütige Ausflug bietet einen optimalen Überblick über den südlichen Teil der Ferieninsel. Über *Sanur* und *Tanah Lot* fliegen Sie nach *Kuta* und *Legian* Strand. Selbstverständlich kann man auch die sattgrünen Reisfelder sehen.

Air Bali	Benoa Harbour, Jalan Raya Pelabuhan Benoa Pesanggaran Denpasar 80222
Telefon:	(+62) 361 846 89 55
Website:	*airbali.com*

Bali Adventure Sky Tours

Sky Tours ist der neueste Anbieter von Rundflügen auf der Götterinsel. Die Helikopter-Kabine ist klimatisiert. Der Anbieter offeriert einen Transferflug direkt vom *Ngurah Rai* Flughafen, mit dem Sie Ihre Ferienresidenz in zehn bis fünfzehn Minuten erreichen. Falls Sie zum ersten Mal nach Bali reisen, empfiehlt es sich, gemeinsam mit dem Transferflug einen etwa 30-minütigen Orientierungsflug (Joy Flight) zu buchen. So erhalten Sie einen optimalen Überblick.

Website:	*baliadventureskytours.com*

Hotels & Resorts

Bali hat schon seit Jahrzehnten einen guten Namen als Urlaubsparadies in Asien. Viele neue Hotels und Ferienanlagen sind in den letzten Jahren entstanden, weitere werden in naher Zukunft dazukommen. So entstehen zwangsläufig Überkapazitäten, die sich negativ auf die Qualität auswirken können. Aus diesem Grund haben wir uns bei den nachfolgenden Empfehlungen ganz bewusst gegen die großen internationalen Hotelketten entschieden, die natürlich auch über schöne und gepflegte Anlagen verfügen. Aber nicht alle erfüllen die Anforderungen einer gehobenen Klientel! Da wir uns auf eine kleinere Auswahl beschränken mussten, haben wir ganz unterschiedliche Anbieter und Konzepte getestet.

BVLGARI

RESORT BALI

BVLGARI

The Bar

Bulgari Resort Bali	Jalan Goa Lempeh Banjar Dinas Kangin Uluwatu, 80364
Telefon:	(+62) 361 847 1000
Website:	*bulgarihotels.com*

Zweifelsohne ist das *Bulgari Resort* das Beste und Schönste, was Bali zu bieten hat, und lässt selbst dem anspruchsvollsten Luxusreisenden keinen Wunsch mehr offen. Hier sollten Sie standesgemäß mit dem Helikopter anreisen, aber auch ein Transfer mit dem hauseigenen Limousinen-Service ist möglich. Das Resort auf Bali gibt es seit 2006; damit ist es das zweite Hotel, das Bulgari weltweit überhaupt eröffnet hat. Wie zu erwarten, wurde es seitdem mit internationalen Auszeichnungen regelrecht überhäuft. Hier ist der Gast keine Nummer, sondern wird mit seinem Namen angesprochen. Das Check-in an der Rezeption ist nach einer kleinen Erfrischung schnell abgeschlossen, dann fährt Sie Ihr Butler mit einem Buggy in Ihre Villa. Auf dem großzügig angelegten Areal gibt es gleich 59 davon, mit Wohnflächen zwischen 300 und 500 m^2. Hier kann man unbeschwert den Urlaub genießen. Oder haben Sie noch höhere Ansprüche? Dann buchen Sie einfach die 1.300 m^2 große *Bulgari Villa*.

Villen-Ausstattung (Kliff-Villa)

Die äußerst geschmackvoll eingerichteten Villen bestechen unabhängig von ihrer Kategorie durch das unverwechselbare Bulgari-Design. Jedes Detail - von den Gläsern in der Bar bis zu den Sonnenliegen - wurde von den Bulgari-Stardesignern entworfen. Aber Design ist nicht alles: Nachhaltigkeit und lokale balinesische Besonderheiten sind in die Ausstattung eingeflossen.

■ Aufwachen mit exklusivem Meerblick (oben) ■ Wellness-Oase (unten)

Über eine große Eingangstür betritt man den überdachten Patio, der einer sehr bequemen Sitzecke Platz bietet. Haben Sie eine Villa mit Meerblick gebucht, dann bietet sie nicht nur den Blick, sondern liegt wirklich direkt am Kliff und eröffnet traumhafte Aussichten. Hier können Sie nicht nur das Frühstück, sondern alle Mahlzeiten zu jeder Tages- oder Nachtzeit stilvoll zu sich nehmen. Von den komfortablen Liegen gleich neben dem etwas kleineren Pool aus haben Sie einen atemberaubenden Blick über den Indischen Ozean.

Die Villa selbst besteht aus dem Schlafzimmer mit einem großen Bett und einem großen Wellnessbereich mit Außendusche. Am Eingang wurde ein kleines »Büro« mit Schreibtisch und Telefon eingerichtet. Vom sehr bequemen und natürlich mit Bulgari-Wäsche ausgestatteten Bett hat man einen malerischen Blick über das Meer. Im Zimmer dominieren edle Mahagonihölzer. Da die komplette Wohneinheit keine Blicke von außen zulässt, können Sie die Gardinen nachts geöffnet und sich von den ersten Sonnenstrahlen am Morgen wachküssen lassen.

Das Badezimmer ist ein wahrer Wellnessbereich. Hier finden Sie ausschließlich luxuriöse Kosmetikartikel aus dem Hause Bulgari. Die frei stehende Badewanne lädt zu einem romantischen Abend bei Kerzenschein ein. Duftkerzen und entsprechende Badezusätze werden natürlich bereitgestellt.

Restaurants

Im Resort gibt es drei Restaurants. Am besten bestellen Sie über den Butlerservice einen Buggy, der Sie zur angegebenen Zeit abholt und in das gewünschte Restaurant fährt. In jedem der Restaurants können Sie sich die Speisen nach Ihren eigenen Wünschen zusammenstellen lassen.

Sangkar Restaurant

Frühaufsteher können sich schon ab 6:30 Uhr am reichhaltigen Frühstücksbuffet bedienen oder die Morgenstärkung à la carte zusammenstellen lassen. Ansonsten ist das Hauptrestaurant bis 22:30 Uhr (letzte Bestellung) geöffnet. Der Schwerpunkt des Angebotes liegt auf Spezialitäten der indonesischen und asiatischen Küche.

Öffnungszeiten: 6:30 - 22:30 Uhr (letzte Bestellung)

Il Restorante

Schon der Name verrät, dass es sich hier um ein italienisches Fine-Dining-Restaurant der Spitzenklasse handelt. Eingerichtet in einer spannenden Mixtur aus balinesischem Stil und Bulgari-Design, zählt diese Location zu den besten Restaurants Asiens und ist dementsprechend schon zahlreich mit internationalen Auszeichnungen geehrt worden. Der italienische Starkoch Nicola Russo kombiniert auf seine sehr kreative Art die feine italienische Küche mit den kulinarischen Einflüssen der Götterinsel. Hoch dekorierte italienische Weine und erlesene Champagner runden das Mahl ab.

Öffnungszeiten: 18:30 - 23 Uhr

La Spiaggia

Das Restaurant liegt malerisch direkt an den Klippen oberhalb des Strandes. Sie erreichen es mit der Zahnradbahn und können sich schon während der Anreise an einem spektakulären Ausblick erfreuen. Besonders empfehlenswert sind der nach Ihren Wünschen zubereitete Lobster und andere Meeresspezialitäten.

Öffnungszeiten: 9 - 17 Uhr

The Bar

Hier trifft man sich zum *Afternoon Tea* zwischen 14 und 17 Uhr in leger-eleganter Atmosphäre. Später kann man hier gediegen - in durchaus illustrer Gesellschaft - seinen Sunset-Drink nehmen. Die zahlreichen Cocktails werden mit leckeren Kanapees serviert. Am besten lassen Sie sich beraten.

Öffnungszeiten: 9 - 1 Uhr

Willkommen im Spa:
Wer sich nach einer langen Anreise wieder in Form bringen möchte, ist hier in den besten Händen. Schon bei der Konzeption der Rezeption haben die Architekten viel Zeit auf kleine Details verwendet. Die Therapeutinnen beraten professionell und individuell, so erhalten Sie die opti-

male Behandlung, um das Wohlbefinden zu steigern. Der Behandlungsraum selbst, wie auch die hochwertigen Produkte, erfüllen höchste Ansprüche. Neben den eigentlichen Massagen stehen mit Maniküre und Pediküre weitere Verwöhnmomente an – und dass man sich hier auch um Ihre Frisur kümmert, ist selbstverständlich. Öffnungszeiten: 9 – 21 Uhr

Yoga

Die Gäste treffen sich ab 8 Uhr im Spa und können unter Anleitung den Tag beginnen. Dieses Angebot ist für Sie natürlich kostenlos. Sollten Sie einen »Personal Trainer« wünschen, wird man Ihnen direkt im Spa behilflich sein.

Fitnesszentrum

Auch hier steht Ihnen ein professioneller Trainer zur Verfügung. Zur Terminabsprache wenden Sie sich vertrauensvoll an Ihren Butler.

Pool

Der große Pool steht ausschließlich Hotelgästen offen. Bequeme Liegen und einige kleine Pavillons mit dicken Matratzen laden zur entspannten Entschleunigung ein. Mock- und Cocktails, Champagner oder edle Weine sowie Snacks veredeln das Urlaubsgefühl.

Bulgari-Shop

Ein Bulgari-Shop darf in der Anlage natürlich nicht fehlen. Zwar ist das Angebot recht übersichtlich, aber es tritt den Beweis dafür an, dass nicht die Quantität, sondern die Qualität zählt: Hier gibt es das Beste, was Bulgari zu bieten hat.

Souvenirshop

Der Souvenirshop befindet sich gleich vis-à-vis vom Bulgari-Shop. Hier finden Sie auch ausgezeichnete Antiquitäten.

Öffnungszeiten:	9 – 21 Uhr

Strand

Den Strand kann man nur mit einer Zahnradbahn und über einige Treppen erreichen. Das Schwimmen dort ist jedoch nicht zu empfehlen, aber dafür stehen bequeme Liegen für ein ausgedehntes Sonnenbad zur Verfügung.

Butlerservice

Der Butlerservice kümmert sich liebevoll, professionell und zuverlässig um Ihr Wohlbefinden. Ob Sie einen Buggy benötigen, das Frühstück in Ihrer Villa einnehmen möchten, der Wellnessbereich

Der malerisch gelegene Pool (oben)

Bulgari-Shop (unten)

aufgefrischt werden soll, oder ob Sie ein Restaurant innerhalb oder außerhalb der Anlage aufsuchen möchten: Ein Anruf genügt. Auch über Ausflüge werden Sie ausführlich beraten. Und wenn der Tag der Abreise naht, wird auch hier alles vom Butler zu Ihrer vollsten Zufriedenheit organisiert.

Die Gäste

Wer im *Bulgari Resort Bali* residiert, legt viel Wert auf Privatsphäre, Ruhe, persönlichen Service und eine große Portion Luxus. Kein Wunder, dass man hier auch Models der Edelfirma, Musiker oder andere V.I.P.s treffen kann, die sich für einige Tage aus der Öffentlichkeit zurückziehen wollen. Und ein Rückzugsort ist das Resort wirklich, denn einen roten Teppich gibt es nicht. Beliebt ist das Resort auch bei Hochzeitsreisenden; in der Kapelle werden auch Trauungen vollzogen.

Sollten Sie allerdings ein Faible dafür haben, im Meer zu schwimmen, sind andere Anlagen eher empfehlenswert. Das gilt auch für die Freunde des ausschweifenden Nachtlebens; sie werden im *Bulgari Resort* nicht auf ihre Kosten kommen. Wer aber Wert auf internationale und interessante, anspruchsvolle Kontakte legt, verlebt einen unvergesslichen Urlaub.

BELMOND
JIMBARAN PURI
BALI

Höchster Luxus
in privatem Ambiente
v.l.: Wohnbereich - Schlafbereich - Pool - Eingang

Belmond Jimbaran Puri	Jalan Uluwatu Yoga Perkanthi Lane Jimbaran - South Kuta - Badung Regency, Bali 80361
Telefon:	0800 183 0781 (Reservierung aus Deutschland)
Website:	*belmond.com/de*

Die romantische Anlage liegt an einem der wohl schönsten Strände der Insel: dem kilometerlangen *Jimbaran* Strand unmittelbar vor der Ferienanlage. Die bei deutschsprachigen Gästen sehr beliebte Anlage verfügt über 40 Cottages, 2 Garden View Pool Cottages mit zwei Schlafzimmern, 3 Deluxe Pool Villen mit zwei Schlafzimmern und 19 Deluxe Pool-Villen, die - von außen uneinsehbar - ein Maximum an Freiraum und Privatsphäre bieten. Der Schlafbereich befindet sich in einer separaten, im balinesischen Stil gebauten Wohneinheit. Direkt daran schließt sich das Bad an, eine luxuriöse Wellness-Oase. Gleich gegenüber liegt der Wohnbereich mit einer großen bequemen Sitzecke und TV. Im hinteren Teil kann man das Frühstück oder andere Mahlzeiten zu sich nehmen. Herzstück jedes Domizils ist der große Swimmingpool. Selbstverständlich sind auch Wohneinheiten mit zwei Schlafzimmern im Angebot.

Wer vor dem Aufenthalt im *Belmond Jimbaran Puri* mit dem *Eastern & Oriental Express* nach Singapur gereist ist, fühlt sich hier sehr schnell zuhause. Edles Mahagoniholz und ausgesuchte Antiquitäten sorgen für entspanntes Wohlgefühl. Die intime Atmosphäre erlaubt es, sich aus dem Hotelbetrieb auszuklinken, ohne auf die Annehmlichkeiten verzichten zu müssen. Frühstück und andere Mahlzeiten werden ganz nach Wunsch angeliefert und vor Ort serviert. Entspannung versprechen die weich gepolsterten Tagesbetten im Außenbereich.

Ein diskret-perfekter Butlerservice steht rund um die Uhr zu Diensten. Ein Anruf genügt, und Sie erhalten Antworten auf Ihre Fragen, Beratung und Informationen zu Ausflugsplänen oder Tipps für's Fine Dining. Übrigens: Auch, wenn Sie die öffentlichen Einrichtungen der Ferienanlage nutzen, bleiben die Gäste unter sich. Massentourismus steht nicht zu befürchten.

Spa

Der kleine, aber feine Spa-Bereich liegt in einem malerisch schönen Garten. Hier kann man sich wieder hervorragend in Form bringen lassen. Termine sollten jedoch vorher vereinbart werden.

Restaurants

Selbstverständlich können Sie auch im *Tunjung*-Restaurant in der Nähe der Rezeption frühstücken. Zur Auswahl steht ein Buffet mit europäischen und asiatischen Köstlichkeiten. Zum Lunch und zum Dinner ist das Restaurant natürlich auch geöffnet.

Dinner zum Sonnenuntergang

Wer das romantische Vergüngen direkt am Strand genießen möchte, sollte rechtzeitig reservieren, denn die Plätze im *Nelayan* Strandrestaurant sind begrenzt. Bei einem feinen Dinner und Drinks kann man den Abend besonders stilvoll ausklingen lassen. Fangfrischer Fisch und Meeresfrüchte stehen ganz oben auf der Speisekarte.

Bar

Auch wenn Sie lieber in Ihrer Villa speisen – zumindest einen Drink sollten Sie sich in der *Puri Bar* direkt am Strand gönnen. Genießen Sie leckere Cocktails zu einem unvergleichlichen Sonnenuntergang in romantisch-schöner Atmosphäre.

Bootsausflug

Wenn man schon am Meer residiert, bietet sich ein romantischer Bootsausflug zu zweit förmlich an. Warum chartern Sie nicht einfach das hauseigene Belmond-Boot? Genießen Sie während der etwa zweistündigen Fahrt den Blick vom Wasser auf die Küste. Alkoholfreie Erfrischungen stehen schon bereit. Mit etwas Glück werden Sie sogar von Delfinen begleitet. Und ein Sprung ins kristallklare Wasser sorgt für Erfrischung.

Ihr Butler wird Sie gerne beraten. Sollten Sie leicht seekrank werden, sagen Sie vorher Bescheid. Denn auch darauf ist man im Belmond vorbereitet. Schließich darf das kein Grund sein, auf diesen schönen Ausflug verzichten zu müssen.

Fotos S. 152/153 (vorige Doppelseite):

- Traumhafter Sonnenuntergang am *Jimbaran*-Strand – direkt vor dem Belmond-Resort
- Ausflug mit dem Belmond-Boot (oben links)
- Entspannen, die Seele baumeln lassen und sich wohlfühlen: Spa (unten links) und Außenbereich (unten rechts) im Einklang mit der Natur

KAYUMANIS
JIMBARAN
private estate & spa

NO DIVING

Kayumanis Jimbaran	Jalan Yoga Perkanthi
Private Estate & Spa	Jimbaran, 80364
Telefon:	(+62) 361 705 777
Website:	*kayumanis.com*

In der schönen Ferienanlage *Kayumanis* in *Jimbaran* wird man individuell von sehr zuvorkommenden Mitarbeitern betreut. Stammgäste schätzen die Gastfreundschaft und Herzlichkeit des Personals.

Die Wohneinheiten sind im Gegensatz zu anderen Anlagen nicht nummeriert, sondern tragen Namen. Das eingezäunte Areal bietet dem anspruchsvollen Urlauber viel Raum. Auch hier wird - wie auf der Insel üblich - das offene Konzept bevorzugt. Der überdachte Wohnbereich mit bequemer Sitzecke und Plasma-TV geht über in den Dining-Bereich. Hier serviert man Ihnen gerne das Frühstück und andere Mahlzeiten.

Sie können wählen, ob Sie dem Personal bei der Zubereitung der Speisen in der zur Wohneinheit gehörenden Küche über die Schulter schauen möchten oder ob das Menü fix und fertig aus dem Restaurant angeliefert werden soll. Möchten Sie zum Frühstück nur von den Früchten naschen, dafür später aber etwas Herzhaftes essen? Kein Problem. Lust auf Kaffee oder Tee? Bedienen Sie sich!

Nehmen Sie Ihren Drink am großen Swimming-Pool, der direkt vor dem Schlafbereich liegt. Oder genießen Sie eine andere Besonderheit: Das Badezimmer liegt teilweise unter freiem Himmel. Die eigenen vier Wände garantieren absolute Privatsphäre. Für den Fall des Falles können Sie rund um die Uhr den Butlerservice in Anspruch nehmen. Und auch für Entertainment ist gesorgt: CDs und DVDs stehen kostenlos zur Verfügung.

Fotos S. 156/157 (vorige Doppelseite):

- Wohneinheit mit privatem Swimming-Pool
- Die Rezeption liegt malerisch eingebettet in einem Palmenhain (links)
- Badezimmer mit Außendusche (rechts)

Restaurants

Das *Tapis*-Restaurant ist bereits zur Frühstückzeit geöffnet. Zum Lunch und Dinner werden hier hervorragende indonesische Speisen serviert. Das ist Fine Dining auf höchstem Niveau.

Gästen dieser Anlage sei auch das *Tetaring*-Restaurant (siehe Seite 170) im *Kayumanis Nusa Dua* empfohlen. Dort können Sie sich bei einem Kochkurs in die Geheimnisse der einheimischen Küche einweihen lassen.

Spa

Der Wellnessbereich befindet sich in der Nähe der Rezeption und ist wohldurchdacht. Die hoch professionellen Therapeutinnen verwenden bei den Spa-Anwendungen nur hochwertige natürliche Produkte. In entspannter Atmosphäre können Sie die Massage alleine oder in trauter Zweisamkeit genießen.

Öffnungszeiten:	9 - 18 Uhr

Strand

Gäste von Kayumanis können den öffentlichen Strand in *Jimbaran* benutzen. Selbstverständlich fährt man Sie dort hin. Der Fußweg dauert nur etwa zehn Minuten und ist auch sehr empfehlenswert. Sie können auch den Strandabschnitt unmittelbar vor dem *Belmond-Resort* nutzen. Bitte melden Sie sich dazu vorher bei der Rezeption, damit man Ihnen einen Gutschein ausstellt. Die Kayumanis-Anlage in Nusa Dua verfügt zudem über einen eigenen Beach-Club, der täglich von 9 bis 18 Uhr geöffnet ist. Der Shuttle dorthin braucht ca. 20 Minuten. Auch hier erfolgt die Anmeldung über die Rezeption oder den Butlerservice.

Butlerservice

Das hochprofessionelle Butlerteam kümmert sich liebevoll um Ihre Wünsche. Wenn Sie einen Ausflug unternehmen möchten, ein Restaurant aufsuchen wollen oder andere Tipps für eine optimale Urlaubsgestaltung brauchen, steht Ihnen das Team jederzeit diskret zur Verfügung.

Fahrradverleih

Wer die sportliche Betätigung sucht, kann sich ein Fahrrad ausleihen und damit die nähere Umgebung im Wortsinne »erfahren«.

TUGU

The Art, Soul and Romance of Indonesia

Hotel Tugu Bali	Jl. Pantai Batu Bolong Canggu Beach
Telefon:	(+62) 361 4731 701
Website:	*tuguhotels.com/hotels/bali*

Wer sich für indonesische Antiquitäten begeistert, einen schönen Strandurlaub verbringen und sich verwöhnen lassen möchte, ist im Tugu-Boutique-Hotel sehr gut aufgehoben. Schon im Eingangsbereich begrüßt Sie die (dem Vernehmen nach) weltgrößte holzgeschnitzte *Garuda*-Statue. Man mag kaum glauben, dass es sich hier um eine Hotellobby handelt, denn der offen gestaltete Bereich enthält gar keine klassische Rezeption! Warum sollte er auch - sofort nach Betreten des Empfangsbereichs fragen die freundlich-diskreten Mitarbeiter nach Ihren Wünschen.

Alle Wohneinheiten bzw. Villen sind in Größe und Ausstattung, z.B. was den Stil oder die Einrichtung mit Antiquitäten betrifft, bewusst unterschiedlich gehalten. Auf der Website des Anbieters können Sie genau die Villa reservieren, die Ihnen am meisten zusagt. Übrigens: Im Walter Spies-Pavillon finden Sie an den Wänden Fotografien des deutschen Musikers und Malers, der auf Bali als Nationalheld gilt (siehe Seite 115).

Die meisten Villen verfügen über einen kleineren oder manchmal auch etwas größeren Teich mit Fischen. Die meisten Badezimmer sind teilüberdacht; so kann man von der Wanne aus im Teich seine »eigenen« Fische beobachten. Ein privater Swimmingpool darf hier naürlich auch nicht fehlen.

Im Eingangsbereich wird auch das ausgiebige Frühstück serviert. Die angenehme Atmosphäre in dem mit wertvollen Antiquitäten

Fotos S. 162/163 (vorige Doppelseite):

- Wohnbeispiel
- Die *Ji Japanese Fusion, Fine Wines and Sake Bar* in einem 300 Jahre alten Tempel (links)
- Badezimmer mit Blick auf den Teich (rechts)

ausgestatteten Raum macht überhaupt nicht den Eindruck eines Restaurants, auch wenn man dort zu jeder Tageszeit leckere Gerichte bestellen kann. Neben dem Hauptgebäude befindet sich der Swimmingpool. Ein Spa gehört selbstverständlich zur Ausstattung.

Das ganze Areal erinnert ein wenig an ein Freilichtmuseum. Über die kleine Brücke am Seerosenteich erreicht man den Nachbau eines alten Friseursalons. Die darin angebotene Frisierkunst hingegen entspricht den heutigen Standards.

Ein kleiner Weg führt zum Beach-Club, der mit einer schönen Wiese mit Liegestühlen und Sonnenschirmen zum Verweilen lädt. In den mit dicken Matratzen ausgelegten Pavillons kann man nicht nur tagsüber entspannen. Dies ist auch der romantische Ort für ein Dinner im sanften Fackelschein. Dieser Bereich steht ausschließlich Hotelgästen offen. An die Wiese schließt sich der breite und kilometerlange öffentliche Sandstrand an, auf dem an den Wochenenden Hochbetrieb herrscht. Für Wassersportler, besonders für Windsurfer, sind die Voraussetzungen ideal.

Restaurants

Ihre Mahlzeiten werden an jedem gewünschten Ort der Anlage serviert, denn ein »klassisches« Restaurant gibt es hier nicht. Sollten Sie Ihr Frühstück im Beach-Club einnehmen wollen, müssen Sie das allerdings anmelden. Das Personal berät Sie gerne.

Das königliche Dinner

Highlight Ihres Aufenthalts ist ein wahrhaft königliches Dinner. Vom Eingangsbereich aus begleitet Sie eine Tänzerin durch das Spalier der in historische Kostüme gekleideten königlichen Wache zum royalen Speisezimmer. Zu traditionellen Klängen balancieren Trägerinnen ihre köstliche »Last« auf dem Kopf an Ihren Tisch. Es stimmt schon: Heute ein König! Auch die Menüfolge ist majestätisch: Bringen Sie viel Hunger mit, damit Sie keinen der Gänge verpassen. Das Dinner wird nach Ihren Wünschen zusammengestellt; Sie können sich bei der Buchung ausführlich beraten lassen.

Interessant ist auch die *Ji Japanese Fusion, Fine Wines and Sake Bar*. Sie ist in einem über 300 Jahre alten chinesischen Tempel untergebracht, der ursprünglich auf Java stand und vor einigen Jahren abgerissen werden sollte. Anhar Setjadibrata, Eigentümer der Tugu-Hotelkette, rettete dieses einmalig schöne Artefakt, ließ es nach Bali bringen und wieder aufbauen.

Im Eingangsbereich werden gelegentlich balinesische Tänze und andere folkloristische Darbietungen aufgeführt; diese Veranstaltungen sind natürlich öffentlich.

Aktivitäten

- Das Boutique-Hotel organisiert auf Wunsch einen romantischen Ausritt am Strand in den Sonnenuntergang.
- Windsurfing bietet sich ohnedies an.
- Weiterhin werden Yoga-Kurse angeboten.
- Ein Kochkurs schärft die Sinne für die einheimische Küche.
- Und als »i-Tüpfelchen« können Sie hier auch heiraten!

Ein schöneres Ambiente werden Sie auf Bali kaum finden. Deshalb ist das Hotel auch bei Flitterwöchnern sehr beliebt.

KAYUMANIS
NUSA DUA
private villa & spa

Kayumanis – Nusa Dua	BTDC Area Nusa Dua, 80363
Telefon:	(+62) 361 770 777
Website:	*kayumanis.com*

Im exklusiven Badeort *Nusa Dua* liegt diese schöne Anlage der Kayumanis-Kette mit über 20 Villen, die im Jahre 2010 eröffnet wurde. Zwei indonesische Architekten haben ihr Können und ihre Kreativität eingebracht, um mit ansprechendem Design einen Hort der Privatsphäre zu gestalten. Die großzügigen, individuell eingerichteten Villen verfügen über eine exzellent ausgestattete Küche sowie eine Badewanne unter freiem Himmel. Frische, hausgebackene Kekse und eine täglich aufgefüllte Minibar runden Ihren Aufenthalt ab.

Der 24-Stunden-Butlerservice sorgt für zusätzlichen Luxus und garantiert einen unbeschwerten Aufenthalt. Sonderwünsche werden natürlich diskret erfüllt. Das Frühstück wird in der Villa oder im Restaurant serviert. Oder bevorzugen Sie das Déjeuner am Strand? Informieren Sie rechtzeitig den Butler, damit alles zu Ihrer vollsten Zufriedenheit organisiert werden kann.

Der zur Anlage gehörende Beach-Club am *Nusa Dua* Strand zeigt sich zum Sonnenuntergang von seiner malerischsten Seite. Haben Sie Lust, per Muskelkraft die Umgebung zu erkunden? Fahrräder stehen bereit. Wenn Sie Anwendungen im Wellnessbereich wünschen, sollten Sie frühzeitig buchen.

Tetaring Restaurant
Dieses Fine Dining-Restaurant hat sich in den letzten Jahren einen sehr guten Ruf erarbeitet. Hier dinieren nicht nur Hotelgäste; auch bei Top-V.I.P.s aus der Schweiz und den USA sowie bei Politikern ist das *Tetaring* sehr beliebt.

Fotos S. 168/169 (vorige Doppelseite):

- Wohneinheit
- Für Genießer: Champagner am Pool (links)
- Innenansicht (rechts)

Kochkurs

Ganz hoch im Kurs vieler Touristen steht ein Kochkurs unter professioneller Leitung. Wenn er dann noch in einem der besten Fine Dining-Restaurants stattfindet, ist es ein besonderes Erlebnis - nicht nur für den Hobbykoch. Die Plätze sind rar, eine Anmeldung, am besten direkt im Restaurant oder über den Butler, ist notwendig. Möchten Sie ein ganz bestimmtes Mahl zubereiten, sollten Sie dies bereits bei der Buchung angeben. Unter fachlicher Anleitung werden auch ungeübte Köche zu phantasievollen Kreationen angeregt. Die Exotik der balinesischen Küche sowie die zahlreichen Gewürze lassen Ihren kulinarischen Ideen viel freien Raum. Auf Sonderwünsche bei der Zubereitung wird gerne Rücksicht genommen … und als Höhepunkt genießen Sie Ihr selbst kreiertes Mahl im Restaurant. Der Kochkurs dauert ca. zwei Stunden.

I II
ONE ELEVEN

One Eleven	3 PangKung Sari Seminyak 80361
Telefon:	(+62) 361 731343
Website:	*111resorts.com*

Diese hochmoderne Anlage liegt in Seminyak, einer sehr beliebten Urlaubsgegend. Lassen Sie sich von der Außenansicht nicht irritieren, die wahren Werte offeriert diese Anlage im Inneren. Neun modern und stylisch ausgestattete Villen bieten auf 350 m^2 viel Raum.

Der offene Wohnbereich mit Küche, bequemer Sitzecke und TV-Anlage verspricht absolutes *Travel in Style*. Vor dem sehr geräumigen Schlafzimmer und dem großem Bad befindet sich der 14 m lange Swimmingpool. Hier kann man fast vom Bett aus direkt ins kühle Nass springen.

Neben dem großzügig bemessenen Swimmingpool steht ein kleiner überdachter Massagebereich mit Klimaanlage und Ventilatoren zur Verfügung. Sie bestimmen, wann Sie massiert werden möchten.

Das Frühstück bereitet der Butlerservice jeden Morgen in der eigenen Küche frisch zu. Am Abend zuvor geben Sie an, wann und was Sie essen möchten. Bequemer geht es nicht.

Hohe Mauern stellen die Privatsphäre sicher. Im *One Eleven* legt man viel Wert auch auf die kleinsten Details: So duften Bettwäsche und Handtücher nicht, wie in vielen Hotels, nach Hotelreinigung.

Fotos S. 174/175 (vorige Doppelseite):

- Großzügig, offen und trotzdem privat: die abgeschlossene Wohneinheit
- Blick auf den privaten Massagebereich (links)
- Badezimmer (rechts)

Die Anlage ist empfehlenswert für Gäste, die das Moderne lieben, dabei aber Privatsphäre bevorzugen und das Nachtleben genießen wollen. Für Familien mit Kindern ist diese Anlage eher ungeeignet. Trotz der Nähe zu den Amüsierzentren – zahlreiche Restaurants, Bars und Einkaufsmöglichkeiten sind fußläufig erreichbar – ist es in den Villen ruhig. Vom Trubel und der Hektik vor den Toren der Anlage bekommen die Gäste nichts mit.

Kulinarisches

Frühstück und andere Mahlzeiten nehmen Sie ganz bequem in der eigenen Villa ein. Der Butlerservice berät Sie gern.

白

SHIRO

SUSHI/SAKE

Shiro Sushi Sake

Oberhalb der Rezeption liegt ein hervorragendes japanisches Restaurant. Chefkoch Shiro San bereitet hier mit seinem Team das Beste zu, das die japanische Küche zu bieten hat.

PURI BAGUS LOVINA
THE TRUE ESSENCE OF BAGUS HOSPITALITY

Puri Bagus Lovina	Singaraja 81151
Telefon:	(+62) 362 21 430
Website:	*puribaguslovina.com*

Wer im äußersten Norden der Insel Urlaub bucht, sucht vor allem Ruhe und Meditation. Die bei deutschsprachigen Urlaubern beliebte Anlage am feinen schwarzen Sandstrand besteht aus 40 geräumigen Villen im traditionellen balinesischen Stil. Der großzügig angelegte Swimmingpool mit direktem Blick auf das nur wenige Meter entfernte Meer bietet neben Liegen auch Tagesbetten in einem kleinen Pavillon mit sehr bequemen Matratzen. Im tropisch angelegten Garten wachsen u.a. auch riesige Kokospalmen.

Anspruchsvoll geht es im *Saraswati Restaurant und Bar* zu: Neben einem ausgezeichneten Frühstück bekommen Sie hier natürlich äußerst liebevoll und ganz nach Ihren Wünschen zubereitete fangfrische Meeres- und Fischgerichte. Abends wandert der Blick bei einem anregenden Cocktail in den Sonnenuntergang.

Ausflüge

Über die Rezeption kann man verschiedene Ausflüge buchen. Besonders empfehlenswert für Frühaufsteher ist ein Bootsausflug zu den Delfinen. Hier geht es schon um 6 Uhr los.

■ Der großzügige Swimming-Pool lädt zur Entspannung ein.

■ Öffentlicher Pool im Bagus Jati (oben) ■ Wohnbeispiel (unten)

Bagus Jati	Br. Jati, Desa Sebatu Kecamatan Tegallalang Ubud Gianyar 80572
Telefon:	(+62) 361901888
Website:	*bagusjati.com*

Diese schöne Anlage liegt etwa 20 km von Ubud entfernt und verspricht in ihrer Abgeschiedenheit absolute Ruhe und Entschleunigung. Wer hierher kommt, lässt sich im Spa verwöhnen und genießt die reine Luft zur Meditation oder zum Yoga.

Für Anhänger kulinarischer Freuden gibt es ein Restaurant, auf dessen Terrasse Sie die Mahlzeiten mit einem herrlichen Blick über den Dschungel einnehmen können.

Empfehlenswert ist die Wohneinheit mit zwei Schlafbereichen, die man jedoch auch buchen kann, wenn man nur ein Schlafzimmer benötigt. Sie verfügt über einen eigenen Swimmingpool.

Das Wohnzimmer ist mit einer Bibliothek und einer Auswahl von DVDs bestens bestückt.

Für einen Ausflug nach Ubud steht zwei Mal täglich, um 10 und um 14 Uhr, ein kostenloser Shuttle-Service bereit. Individuelle Transfers sind zu jeder Zeit möglich.

Hanging Gardens of Bali (oben) Sensationelle Ausblicke vom Pool (unten)

Hanging Gardens of Bali	Desa Buahan Payangan 80571
Telefon:	(+62) 361 982 700
Website:	*hanginggardensofbali.com*

Die mehrfach ausgezeichnete Anlage liegt malerisch an einem Hang mitten im Dschungel, ca. 30 Minuten von Ubud entfernt. Die einzelnen Wohneinheiten im balinesischen Bungalowstil können über eine Zahnradbahn erreicht werden. Lästiges Treppensteigen ist daher nicht nötig. Da es ganz unterschiedliche Bungalows gibt, sollte man sich vor der Buchung unbedingt auf der Website seine Unterkunft aussuchen.

Egal, für welche Wohneinheit Sie sich auch entscheiden mögen – alle sind zweckmäßig ausgestattet und ermöglichen einen direkten Blick in den Dschungel. Von der eigenen Terrasse aus können Sie die Tier- und Pflanzenwelt bewundern. Mitunter kommen auch Makaken in Sichtweite. Jede Wohneinheit verfügt über einen eigenen Pool. Wem das Wasser dort zu kalt sein sollte, kann auf den öffentlichen Pool in der Nähe des Restaurants ausweichen. Dieser ist, wie Medien und Besucher bestätigen, einer der schönsten der Welt, denn er bietet beim Schwimmen einen atemberaubenden Ausblick.

Ein Spa darf natürlich nicht fehlen. Ganz in der Nähe wird auch der beliebte *Afternoon Tea* mit einigen lokalen Leckerbissen serviert. Mehrmals täglich bringt Sie ein kostenloser Shuttle-Service nach Ubud.

Die Anlage ist besonders für Hochzeitsreisende und verliebte Pärchen geeignet. Für Alleinreisende oder Familien empfiehlt sie sich eher weniger. Bedingt durch die spezielle Lage mitten im Dschungel sind die Temperaturen um einiges niedriger als im Süden der Insel, mit kurzen Regenfällen ist ganzjährig zu rechnen. Dafür ist das feuchte Klima optimal für Massageanwendungen im Spa.

Sungai Spa by Nandini	Br. Susut, Desa Buahan Payangan, Gianyar
Telefon:	(+62) 361 982 777
Website:	*nandinibali.com*

Wer in der Nähe der *Hanging Gardens* wohnt oder sich in Ubud aufhält, sollte unbedingt den Spa im nahegelegenen *Nandini Resort* besuchen. Sicherlich gibt es zahlreiche sehr gute Wellness-Anlagen auf Bali, aber diese ist wohl die schönste, natürlichste und außergewöhnlichste auf der Götterinsel. Zugegeben, der Weg über 214 Treppenstufen hinunter ist schon etwas beschwerlich, aber die malerische Kulisse belohnt für die Anstrengung. Mit jedem Schritt nach unten taucht man weiter in die mystische Atmosphäre ein; plötzlich ist das Plätschern des Flusslaufs ganz nah. Für Einheimische ist dieser Ort nicht nur deswegen heilig; auch dem Touristen erschließt sich schnell die besondere Ausstrahlung. Was kann schöner sein, als sich absolut abgeschieden in dieser spirituell aufgeladenen Atmosphäre professionell massieren zu lassen? Während der Behandlung ist der Zugang über die Treppe gesperrt. Ein schöneres Erlebnis gibt es nicht. Die Massage bringt Sie in Einklang mit der Natur. Da die Behandlungen nur für jeweils eine Person oder ein Paar durchgeführt werden, ist eine Reservierung unabdingbar. Diese können Sie telefonisch oder über die Website vornehmen.

Öffnungszeiten:	8 - 17 Uhr

TUGU

The Art, Soul and Romance of Indonesia

Tugu Hotel Lombok	Sire Beach Sigar Penjalin Village Tanjung, Lombok, Indonessia
Telefon:	(+62) 370 612 0111
Website:	*tuguhotels.com/hotels/lombok*

Die kleinere Nachbarinsel *Lombok* liegt fernab des Massentourismus. Hier betreibt die kleine, exklusive Tugu-Hotelkette ein zauberhaftes 5-Sterne-Boutique-Hotel, das sowohl im Empfangsbereich wie auch in den Villen der Anlage mit vielen Antiquitäten ausgestattet wurde.

Wer hier residiert, ist besonders von der Ruhe und dem feinsandigen Strand begeistert, wie viele Stammgäste, auch aus den deutschsprachigen Ländern, immer wieder bestätigen. Für Nachtschwärmer sind die Anlage und die Insel allerdings ungeeignet.

Alle Wohneinheiten sind unterschiedlich gestaltet und weisen einen eigenständigen Charakter auf. Deshalb sollten Sie bereits vor der Buchung auf der Website Ihr bevorzugtes Feriendomizil auswählen. Lassen Sie sich aber trotzdem vor Ort auch die anderen Villen zeigen! Vielleicht ist kurzfristig eine Umbuchung oder sogar ein Umzug während des Aufenthalts möglich.

Am fast menschenleeren Strandabschnitt befinden sich *Cabanas* mit dicken Matratzen, von denen aus man einen fantastischen Blick über das Meer hat. Die Sonnenuntergänge sind malerisch schön. Hier lässt es sich in den Abendstunden hervorragend dinieren, oder man lässt sich einfach seine Cocktails hierher bringen. Sollten Sie Süßwasser dem salzigen Meerwasser vorziehen, können Sie den hoteleigenen großen Swimmingpool in Strandnähe nutzen. Ein professionelles Spa darf natürlich nicht fehlen.

Fotos S. 186/187 (vorige Doppelseite):

- Wo möchten Sie relaxen: am großen Pool oder am feinen Sandstrand?
- Bale Kokok Pletok: Restaurant mit ausgezeichneter internationaler Küche (links)
- Eine Hochzeit im Gedong Gandrung führt Sie ins Paradies (rechts)

Aktivitäten

In allen hier vorgestellten Anlagen werden Ausflüge organisiert. Lassen Sie sich durch den Butler oder die Rezeption beraten.

Weitere Freizeitaktivitäten

Neben den Annehmlichkeiten des Strandlebens bieten sich dem Gast vielfältige Möglichkeiten für andere Aktivitäten, die auf spezielle Wünsche und Interessen zugeschnitten werden, z.B.:

- ein traditioneller Kochkurs
- ein Ausritt mit Pferden am Strand
- Yoga- & Meditationskurse
- Ausflug in die Altstadt (Halbtagstour)
- Trekking zu den Wasserfällen

Tauchausflüge

Das kristallkare und warme Wasser rund um die Götterinsel ist für die verschiedensten Tauchausflüge ideal geeignet. Es gibt übrigens auch einen deutschen Anbieter, der sich auf Bali spezialisiert hat.

Weitere Informationen: *tauchenbali.de*

Callaway

New Kuta Golf
Bali National Golf

Golfplätze

Um der anspruchsvollen Klientel gerecht zu werden, wurden auf der Götterinsel hervorragende Golfplätze angelegt.

Bali ist nicht nur ein Traumziel für Sonnenanbeter und Wassersportler, sondern steht auch bei Golfspielern hoch im Kurs. Nachfolgend stellen wir alle Golfplätze vor, die Bali zu bieten hat; einer davon ist bestimmt auch in Ihrer Nähe. Dass man sich neben dem Golf auch noch bestens kulinarisch verwöhnen lassen kann, versteht sich von selbst. Einige der vorgestellten Anlagen bieten darüber hinaus eine Unterkunft mit Spa an. Auf Besonderheiten wird hingewiesen. Transfers können über die Ferienanlage oder direkt über den Golfplatz organisiert werden.

Handara Golf & Resort	Desa Pancasari Singaraja
Telefon:	(+62) 362 342 2646
Website:	*handaragolfresort.com*
Löcher:	18
Par:	72
Caddies:	155

Der *Handara*-Golfplatz wurde 1974 als allererster Golfplatz überhaupt im nördlichen Teil der Insel eröffnet. Für das Design zeichnen Peter Thompson und Michael Wolveridge verantwortlich. Der auf 1.400 m Höhe gelegene Club konnte schon viele Auszeichnungen einheimsen und gehört zu den 50 besten Golfplätzen weltweit. Das Klima ist für den Golfsport optimal, da es nicht so heiß wird wie weiter unten an der Küste. Viele prominente Persönlichkeiten haben auf *Handara* bereits ihr Können unter Beweis gestellt. Dazu gehört auch Richard Gere, der auf Bali Dauergast ist. Der Golfplatz liegt malerisch eingebettet zwischen Vulkanen und drei Seen. Für begleitende Nichtspieler bieten sich Ausflüge in die Umgebung an. Die Anreise von *Nusa Dua* dauert mit dem Pkw fast drei Stunden – da der Golfplatz über einen Helipad verfügt, ist ein Transfer mit dem

Hubschrauber empfehlenswerter. Selbstverständlich kann man in der Anlage auch gediegen nächtigen. Kulinarisch wird man auf höchstem Niveau verwöhnt. Ein Spa ist natürlich auch vorhanden. In der Regel bleiben Spieler zwei Nächte an diesem schönen Stück balinesischer Erde.

Nirwana	Jalan Raya Tanah Lot Tabana 82 171
Telefon:	(+62) 36 18 15 90 0
Website	*nirwanabaligolf.com*
Löcher:	18
Par:	72
Caddies:	180

Der an der südwestlichen Küste bei *Tanah Lot* gelegene Golfplatz wurde durch Stararchitekt Greg Norman gestaltet und 1997 eröffnet. Der fantastische Platz liegt eingebettet in eine atemberaubende Landschaft direkt an einer Steilküste - malerischer geht es wirklich nicht mehr. Der Architekt legte bei der Gestaltung besonderen Wert auf die Verbindung des Golfsports mit Spiritualität, der traditionellen Inselkultur und einer spektakulären Aussicht. Dies ist ihm vortrefflich gelungen.

Bali National Golf	PT. Narendra Interpacific Kawasan Wisata Lot Nusa Dua
Telefon:	(+62) 361 771 791
Website:	*balinational.com*
Löcher:	18
Caddies:	100

Nach einer kompletten Neugestaltung durch den Architekten Nelson wurde der Golfplatz im Jahr 2014 wiedereröffnet. Wunderschön gelegen, wird er heute von professionellen Spielern in den höchsten Tönen gelobt. Er liegt im Süden der Insel bei *Nusa Dua*. Angeschlossen sind luxuriöse Unterkünfte (Villen oder Hotel).

Bali Beach Golfplatz	Kompleks Inna Grand Bali Beach Hotel and Resorts Jl. Hangtuah No 58 Sanur
Telefon:	(+62) 361 287733
Website:	*balibeachgolfcourse.com*
Löcher:	9

Der kleine Golfplatz in Sanur wurde bereits 1972 eröffnet. Hier spielte schon der frühere US-Präsident Ronald Reagan, allerdings ist der Platz besonders bei Europäern beliebt. Auch wenn er recht übersichtlich scheint, sollte man ihn nicht unterschätzen: Er ist nicht leicht zu bewältigen.

New Kuta Golfplatz	Jl. Raya Uluwatu Pecatu Indah Resort Jimbaran
Telefon:	(+62) 361 8481333
Website:	*newkutagolf.com*
Löcher:	18
Par:	72
Caddies:	145

Der 85 ha große Platz wurde von den amerikanischen Architekten Fream, Dale & Ramsey gestaltet und 2007 eröffnet. Er ist sehr gut auch für Anfänger geeignet. Für Kinder werden spezielle Kurse angeboten. Hier kann man stilvoll mit dem Helikopter anreisen.

Agenturen

Bagus Discovery

Die Agentur hat im deutschsprachigen Raum schon lange einen guten Ruf und bietet nicht nur Transfers vom bzw. zum Flughafen an, sondern verfügt auch über einige sehr schöne eigene Ferienanlagen. Das umfangreiche Ausflugsprogramm kann man am günstigsten über die Homepage bzw. die Rezeption in den Häusern buchen. Das Personal ist z.T. deutschsprachig.

Weitere Informationen: *bagus-discovery.com*

Bali Adventure Tours

Ein Anbieter mit Rundum-sorglos-Paket: Neben Transfers (Helikopter & PKW) gehört zu diesem Unternehmen auch der Elefantenpark. Weiterhin sind Rafting und Bergsteigertouren zu den Vulkanen im Programm. Auch Radtouren in die Berge werden angeboten.

Weitere Informationen: *baliadventuretours.com*

Go Vacation

Die Agentur wird unter deutschsprachiger Leitung betrieben. Sie arbeitet eng mit Agenturen in Deutschland und Österreich zusammen. Neben Transfers und Hotels können auch Ausflüge gebucht werden.

Weitere Informationen: *go-vacation.com*

Reiseleitung

Wenn Sie einen professionellen Reiseleiter benötigen, steht Ihnen Herr Faisal Hasan gerne zur Verfügung und arbeitet ein individuelles Programm für Sie aus.

Weitere Informationen: *pleasant-tour.com*

Travel in Style: Hotel-Empfehlungen

Bulgari

Die Luxusmarke Bulgari besitzt nur wenige Hotels/Resorts auf der Welt, aber alle sind im typischen Bulgari-Design ausgestattet und erfüllen die hohen Anforderungen für *Travel in Style*. Das Stammhaus befindet sich in der italienischen Modemetropole Milano. Bislang gibt es außer dem Luxushotel in London nur auf Bali ein Resort. Weitere Hotels werden in den kommenden Jahren eröffnet. Nur sehr wenige Reisebüros haben die Bulgari-Hotels im Programm. Daher bucht man am besten über die Website.

Weitere Informationen: *bulgarihotels.com*

Belmond

Belmond Ltd. ist eine weltweite Kollektion aus außergewöhnlichen Hotels, Luxuszügen und Flusskreuzfahrtschiffen in einigen der spannendsten und faszinierendsten Destinationen weltweit.

Zu Belmond gehört neben insgesamt sieben anderen Nostalgiezügen auch der luxuriöse *Eastern & Oriental Express* (siehe Seite 17 ff.) mit sehr interessanten Angeboten in Südostasien. Hier können Sie Luxusreisen und Luxusaufenthalte auf höchstem Niveau kombinieren.

Weitere Informationen: *belmond.com*

Bali im Internet

Indonesien	*tourismus-indonesien.de*
Bali	*bali.de*
Hotels & Resorts	
Bulgari	*bulgari.com*
Tugu Hotels	*tuguhotels.com*
Kayumanis Hotels	*kayumanis.com*
One Eleven Bali	*111resorts.com*
Belmond Jimbaran	*belmond.com/de*
Ausflüge	
Elefantenpark	*elephantsafaripark.com*
Veranstalter	
Bali Adventure Tours	*baliadventuretours.com*
Bagus Discovery	*bagus-discovery.com*
Allgemeine Informationen	
Bali Fremdenverkehrsamt	*balitourismboard.org*
Gesundheit	
Die Reiseapotheke	*reiseapotheke.de*
Tropeninstitut	*tropeninstitut.de*
Allgemeine Informationen	*fit-for-travel.de*
Fluggesellschaften	
Lufthansa	*lufthansa.de*
Austrian Airlines	*aua.com*
Swiss Airlines	*swiss.com*
Thai Airways	*thaiairways.com.de*
Singapore Airlines	*singaporeair.com*
Luxus	
Eastern Oriental Express & Hotels	*belmond.com*
Heli-Transfer & Ausflüge	*baliadventureskytours.com*
Heli-Transfer & Ausflüge	*airbali.com*

Allgemeine Reisehinweise

Alleinreisende Frauen

Alleinreisende Frauen können sich unbeschwert auf Bali entspannen und die Insel erkunden. Freizügige Badekleidung (oben ohne) ist an den öffentlichen Hotelpools nicht erlaubt.

Apotheken

Am besten kontaktiert man den Concierge oder seinen Butler. Apotheken, die als »Apothek« ausgeschildert sind, gibt es in den Städten zahlreich. Die Apotheker sprechen in der Regel gut Englisch. Nicht alle Medikamente sind vorrätig. Daher sollte man Spezialmedikamente für die Dauer des Aufenthaltes mitnehmen. Einige Apotheken haben 24 Stunden geöffnet. Über die Rezeption im Hotel kann man in Erfahrung bringen, welche Apotheke Bereitschaftsdienst hat. Die Preise für Medikamente gegen Schmerzen und Durchfallerkrankungen sind durchaus günstig. Lassen Sie sich auf jeden Fall eine Quittung geben, die Sie ggfs. bei Ihrer Krankenversicherung zur Erstattung einreichen können.

Auto (Leihwagen)

Wir raten davon ab, auf Bali ein Auto ohne Fahrer zu mieten. Die meisten vorgestellten Hotels bieten einen Limousinen-Service an.

Konsularämter auf Bali

Deutschland

Jl. Pantai Karang Nr. 17, Sanur
Telefon: (+62) 361 288 535

Österreich & Schweiz

Jalan Ganetri 9D, Gatot Subroto Timur, 80235 Denpasar
Telefon: (+62) 361 264 149

■ Gedenktafel für die Opfer der Terroranschläge

Drogen

Dass man bei Drogen in Indonesien überhaupt keinen Spaß versteht, sollte sich in der Zwischenzeit herumgesprochen haben; Drogenbesitz und -konsum werden nach wie vor sehr hart bestraft. Erst 2015 wurden auch westliche Touristen hingerichtet.

Trinkgelder

Trinkgelder werden überall dort erwartet, wo Dienstleistungen geboten werden. In den Restaurants sollte man 10% auf den Rechnungspreis aufschlagen. Denken Sie bitte auch an das Personal im Hotel. Am besten platzieren Sie das Trinkgeld direkt auf dem Bett – und zwar bereits am Anfang Ihres Aufenthalts. Auch die Kofferträger im Flughafen bzw. den Hotels oder im Zug sollten Sie nicht vergessen. Bitte keine Euromünzen als Trinkgelder anbieten, da diese in den Wechselstuben nicht eingetauscht werden. Am besten deckt man sich mit Ein-Dollar-Scheinen ein. Diese müssen gegebenenfalls bei der Hausbank bestellt werden.

Souvenirs

Die Ausfuhr von bestimmten Lederprodukten (z.B. Elefant, Krokodil, Schlange) und Elfenbein sowie deren Einfuhr in das jeweilige Heimatland unterliegen dem Washingtoner Artenschutzabkommen. Wir empfehlen daher dringend, sich vor dem Kauf ausreichend zu informieren.

Besondere Zollvorschriften

Weitergehende Zollinformationen zur Einfuhr von Waren erhalten Sie bei der Botschaft in Ihrem Zielland. Nur dort kann Ihnen eine rechtsverbindliche Auskunft gegeben werden.

Kleidung

Leichte luftdurchlässige Kleidung ist ganzjährig angebracht. Auf zu kurze Röcke sollte man aus Respekt vor der einheimischen Bevölkerung verzichten.

Post

Ansichtskarten gibt man am besten an der Rezeption des Hotels ab, die auch für das notwendige Porto sorgt.

Passverlust

Es empfiehlt sich, vorzubauen. Nehmen Sie Kopien Ihrer Ausweispapiere und zwei Passfotos mit auf die Reise. Wenn Sie den Verlust Ihres Passes bemerken, muss umgehend die Polizei informiert werden; Informationen und Unterstützung erhalten Sie an der Rezeption Ihres Hotels. Mit der Bescheinigung, der Kopie des verlorenen Passes und den Passfotos sollten Sie sich umgehend an die diplomatische Vertretung Ihres Landes (siehe Botschaften) wenden. Die Ausstellung eines Ersatzpasses kann, je nachdem, ob man alle Unterlagen vollständig einreicht, innerhalb kürzester Zeit geschehen. Einige diplomatische Vertretungen verlangen eine Gebühr.

Reiseversicherung

Prüfen Sie, ob Ihr Kreditkartenvertrag bereits eine Reiseversicherung enthält, sonst schließen Sie vorsichtshalber eine temporäre Police ab. Achten Sie unbedingt darauf, dass sie im Notfall auch die Luftrettung ins Heimatland beinhaltet. Zeitlich begrenzte Policen gibt es ab etwa neun Euro. Man sollte hier nicht am falschen Ende sparen.

Sicherheit

Leider gab es in den letzten Jahren vermehrt terroristische Anschläge in Urlaubsregionen wie auch in Europa. Mit dieser Gefahr müssen wir heute leben. In vielen Ferienanlagen auf Bali ist es daher normal, dass Ihr Fahrzeug vor der Einfahrt untersucht wird. Weitere Sicherheitshinweise entnehmen Sie folgenden Websites:

Deutschland:	*auswaertiges-amt.de*
Österreich:	*bmaa.gv.at*
Schweiz:	*eda.admin.ch*

Telefon

Von Bali aus kann man in die ganze Welt telefonieren, auch mit dem eigenen Smartphone. Ländervorwahlen:

Bali:	+62
Deutschland:	+49
Österreich:	+43
Schweiz:	+41

Internet

Internetanschluss bzw. einen PC finden Sie in den meisten Hotels im Business Center. WiFi ist in allen Hotels, die wir vorgestellt haben, selbstverständlich kostenlos verfügbar.

Zahlungsmittel

Die offizielle Währung in Bali ist der indonesische Rupiah (IDR). Hier wird man im Handumdrehen Multimillionär, denn schon etwa € 65 entsprechen einer Million IDR. Die vorgestellten Hotels und deren Einrichtungen akzeptieren alle gängigen Kreditkarten.

Gesetzliche Feiertage

Es gibt auf Bali in jedem Monat gleich mehrere Feiertage. Über die Herkunft und die jeweiligen Bedeutungen gibt Ihnen die Rezeption oder Ihr persönlicher Butler gerne Auskunft.

Reiseveranstalter

Deutschland

Airtours International
Karl-Wiechert-Allee 23
30625 Hannover
Telefon: (0511) 567 86 190
E-Mail: *serviceteam@airtours.de*
Website: *airtours.de*

Dertour deluxe
Emil-von-Behring-Str. 6
60424 Frankfurt
Telefon: (069) 958 85 928
E-Mail: *info@dertour.de*
Website: *dertour.de/deluxe/*

Transorient Touristik
Weidestr. 122 a
22083 Hamburg
Telefon: (040) 514 89 031
Website: *transorient.de*

Windrose Finest Travel
Fasanenstr. 33
10179 Berlin
Telefon: (030) 201 72 10
E-Mail: *team3@windrose.de*
Website: *windrose.de*

Thomas Cook
Website: *thomascook.de*
TUI
Website: *tui.com*

Österreich

Bluebird Travel
Anton-Baumgartner-Str. 125
1230 Wien
Telefon: (01) 665 50 010
E-Mail: *info@bluebirdtravel.at*
Website: *bluebirdtravel.at*

Schweiz

Hotelplan
Sägereistr. 20
8152 Glattbrugg
Telefon: (043) 211 88 85
E-Mail:
internet-travelshop@hotelplan.ch
Website: *hotelplan.ch*

Intens Travel
Geroldstr. 20
8010 Zürich
Telefon: (044) 386 46 86
E-Mail: *info@intens.ch*
Website: *intens.ch*

Danksagung

Für die Produktion des Buches möchten wir uns bei folgenden Personen recht herzlich bedanken:

Deutschland:
Desiree Brandhoff, Tantje Warnken, Yasmin Lange,
Franziska Demmel, Susanne Dopp, Ann-Kathrine Körber

Singapur:
Martine Janssens, Natalie Tay-Lee & David Lee, Wen Xian Tang, Adeline Loh, Cherryl Ong, Ronald Dooremalen, Leenu Bablani, Bernd Knaier, Cecilia So Ai Nak, Ferne Yap, Manolo Santos, Donny Yip

Bali:
Faisal Hasan, Iwan Wahyudi, Yuji Tanaka, Ayu Ardini, Pande Dwipa, Magnus Falk, Iwan Suryadi, Marinda Hebert, Bagus Sudibya, Asni Muharam, Salan Amer, Heni Widiasari, Prayudi Aditama, Emi Fridayani, Nyoman Astika, Ami Estikasari, Eveline Adikarjo, Mertada, I Nyoman Sudirga Yusa

Fotonachweis

Alle Fotos:	© International Travel Book
außer	
Cover Rückeite:	© Bulgari
Seiten 18 - 22:	© Eastern & Oriental
Seiten 28/29:	© Fotolia
Seite 40 (unten):	© Singapore Tourism
Seite 44:	© Gardens by the Bay
Seite 61:	© 1 Altitude
Seiten 64/65, 67 (u.), 70/ 71:	© Raffles
Seiten 74/75:	© Mandarin Oriental
Seiten 80/81:	© Shangri La
Seite 92:	©The Scarlet Singapore
Seite 116:	(historisches Foto)
Seiten 136/ 137, 139, 142/143:	© Bulgari
Seiten 148/149:	© Belmond
Seite 156 (kleines Foto rechts)	© Kayumanis
Seite 182:	© Hanging Gardens of Bali
Seite 184:	© Nandini
Seiten 186/187:	© Tugu

Index